생각대로 PYTHON 파이썬 첫걸음

생각대로 PYTHON
파이썬 첫걸음
2024년 6월 4일 1판 3쇄 발행

저 자 전현희 · 강희숙 · 주희정 · 최민희
발 행 자 정지숙
마 케 팅 김용환
일러스트 오예린

발 행 처 (주)잇플ITPLE
주 소 서울 동대문구 답십리로 264 성신빌딩 2층
전 화 0502.600.4925
팩 스 0502.600.4924
홈페이지 www.itpleinfo.com
이 메 일 itpleinfo@naver.com
카 페 http://cafe.naver.com/arduinofun
유 튜 브 www.bit.ly/ITPLE_TV

ISBN 9979-11-91198-02-7 13000

이 도서의 국립중앙도서관 출판예정도서목록(CIP)은 서지정보유통지원시스템 홈페이지(http://seoji.nl.go.kr)
와 국가자료종합목록 구축시스템(http://kolis-net.nl.go.kr)에서 이용하실 수 있습니다.
(CIP제어번호 : CIP2020054635)

생각대로 PYTHON

파이썬 첫걸음

파이썬 성장 프로젝트

머리말

파이썬을 시작하는 입문자에게....

간단하면서도 복잡한 파이썬 세상에 온 것을 환영합니다.

'귀도 반 로섬'이란 이름을 들어보았나요? '귀도 반 로섬'은 지금 여러분이 공부하려고 하는 파이썬을 창시한 창시자입니다.

'귀도 반 로섬'은 누구나 쉽게 배울 수 있는 프로그램밍 언어로 파이썬을 개발했다고 합니다. 대단하지 않나요? 우리는 프로그래밍을 배우는 것도 힘겨운데, 프로그래밍 언어를 개발했다니!!

'귀도 반 로섬'의 의도를 담고 있는 파이썬은 처음 프로그래밍을 하는 입문자들에게는 다른 언어보다 배우기 편안하다는 장점을 갖고 있습니다. 하지만, 다른 언어보다 '배우기 쉽다.'라는 관점은 다른 언어를 배운 사람들의 관점입니다.

프로그래밍 언어를 처음 접하는 입문자에게는 파이썬도 어렵게 느껴집니다. 이 책의 저자 중 한 명도 프로그래밍 언어 '1'도 모르고 시작했기 때문에 파이썬 공부를 시작하기 위해 이 책을 펼쳐보고 있는 여러분의 마음을 1000% 공감하는 마음으로, 최대한 쉽게 딱딱한 느낌이 아닌 말랑말랑한 느낌의 파이썬 입문서를 준비했습니다.

그렇다고 마냥 쉽게만 준비하진 않았답니다. 여러분들이 기초를 탄탄히 해야 풀 수 있는 문제들도 준비되어 있습니다.

기본 개념을 이해하고, 알아보고, 배우고 다양한 예제를 통해 실력을 다지면서 파이썬 실력이 UP 된 여러분을 만날 수 있게 될 것입니다.

파이썬 성장 프로젝트에 참여한 여러분의 성장을 응원합니다.

저자일동

이 책의 구성

빅데이터와 인공지능의 첫걸음

생각대로 파이썬 [파이썬 성장 프로젝트!!] –파이트리 키우기–는 초 · 중등생을 비롯해 파이썬에 입문 하려는 이들을 위해 만들어졌습니다. 그림을 통해 파이썬 문법에 대해 알아보고, 왜 필요한지, 어떻게 사용하는지 이해하고, 예제를 통해서 실력을 다진 후 파이썬을 활용할 수 있는 인공지능 예제까지 다루어 볼 수 있습니다.

끊임없는 질문과 생각을 거듭하며

What 무엇을 배우지? 정의 알기

Why 왜 필요하지? 유용성 생각하기

How 어떻게 사용하지? 사용법 다루기

씨앗심기 – What–Why–How 단계를 통해 개념을 팍! 잡을 수 있도록 했어요

새싹키우기 – Understanding Concept 예제를 통해 파이썬 싹을 키우고, Finding error 확인하고, Checking point로 실력을 다지면서 열심히 파이썬 새싹을 키우고

가지치기 – Jump Up을 통해 파이썬의 가지를 쭈욱 키워요

열매맺기 – 마지막으로 인공지능 예제를 통해 파이썬의 열매를 맺을 수 있게 구성하였습니다.

전 과정을 직접 체험하면서 꼭 파이썬의 열매를 맺어 보시길 바랍니다.

지금부터 나만의 멋진 '파이트리 키우기'를 시작해보세요!

목 차

PART 01 파이트리 씨앗 심기 _파이썬 만나보기

PART 02 파이트리 뿌리 내리기 _기본 데이터 알아보기

2 데이터 처리하기

3 데이터 저장하기

목 차

PART 03 파이트리 몸통 세우기 _제어문으로 구조화하기

3 반복 for 알아보기

목 차

PART 04 파이트리 잎 번성하기 _복합데이터 활용하기

PART 05 파이트리 가지 정리하기 _함수와 모듈로 체계화하기

목 차

2 모듈 알아보기

PART 06 파이트리 열매맺기 _파이썬으로 인공지능 만나보기

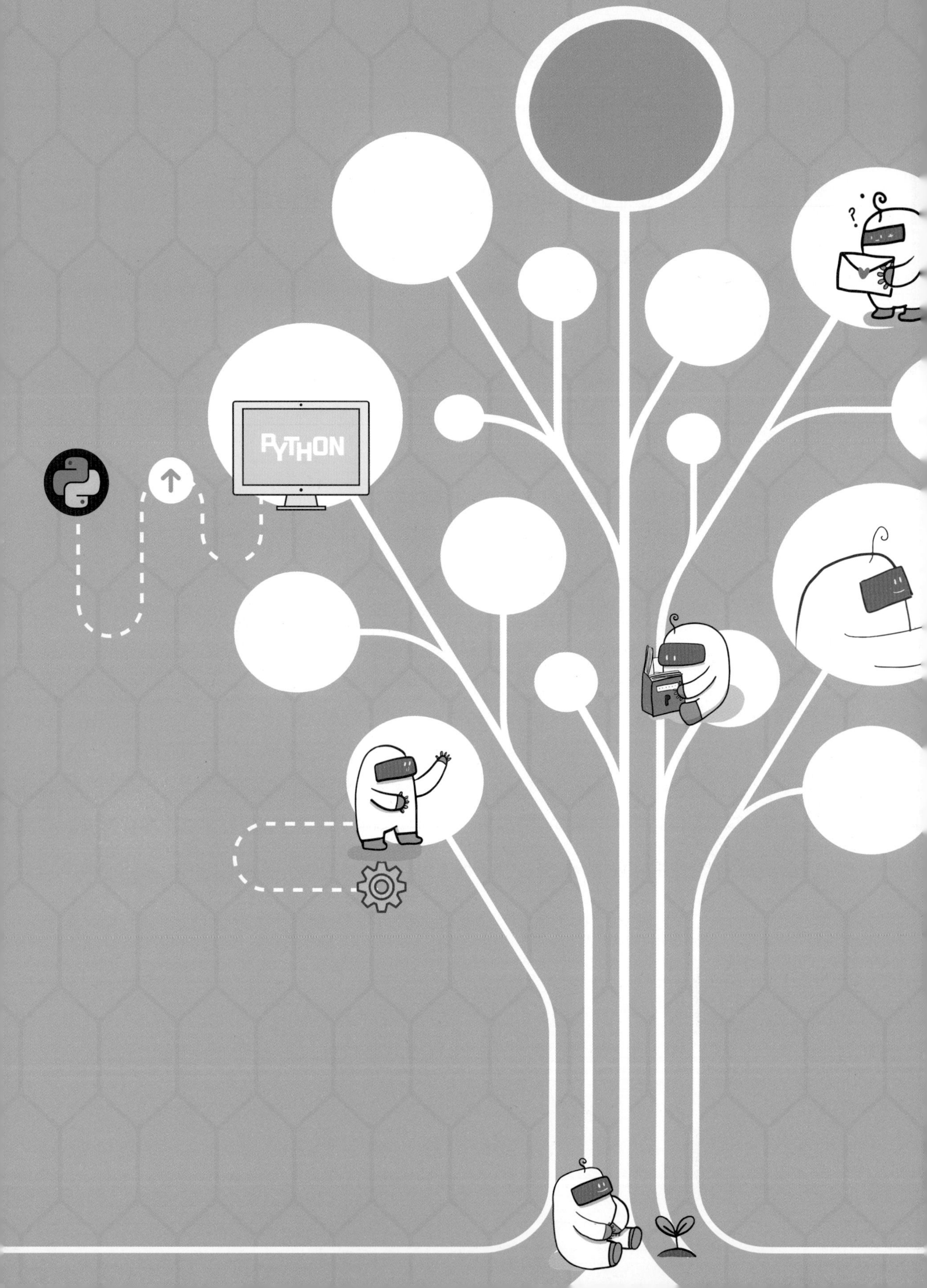
PYTHON

PART 01

파이트리 씨앗 심기

(파이썬 만나보기)

PYTHON
AS YOU THINK!!

Overview

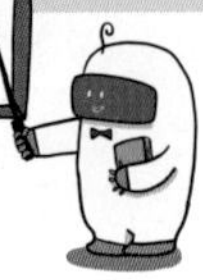

프로그래밍이란 프로그래밍 언어를 사용하여 컴퓨터가 해야 하는 일을 전달할 수 있도록 컴퓨터 프로그램을 작성하는 것입니다.

프로그래밍을 하기 위해서는 프로그래밍 언어를 알아야 합니다. 여러 프로그래밍 언어 중 우리는 사람의 사고방식과 유사하게 진행되도록 설계되어 코드를 작성하기도 쉽고 이해하기도 쉬운 파이썬 언어를 배워보려고 합니다.

이제부터 파이썬 언어를 만나기 위해 설치부터 사용을 위한 기초적인 사항들을 알아보도록 하겠습니다.

배워볼까요?

❶ 파이썬 설치하기

❷ 파이썬 IDLE 익히기

❸ 파이썬 기본 용어 및 알아보기

What

1. 프로그래밍 언어란?

언어란 생각을 표현하고 의사소통을 위한 음성 또는 문자 체계입니다. 각 나라마다 언어 종류가 다르기 때문에 외국 친구와 대화를 나누려면 서로가 소통 가능한 언어를 사용해야 합니다. 각자 다른 언어를 사용하면 서로 이해할 수 없겠죠?

다른 나라 친구들과 대화하기 위해서 같은 언어를 사용해야 하는 것처럼 컴퓨터와 소통하기 위해서는 컴퓨터가 이해할 수 있는 언어를 사용해야 합니다.

컴퓨터가 이해할 수 있는 언어를 프로그래밍 언어라고 합니다.

Python, C, C++, Java 등 다양한 프로그래밍 언어가 있으며, 이 언어들을 사용하여 컴퓨터와 소통할 수 있습니다.

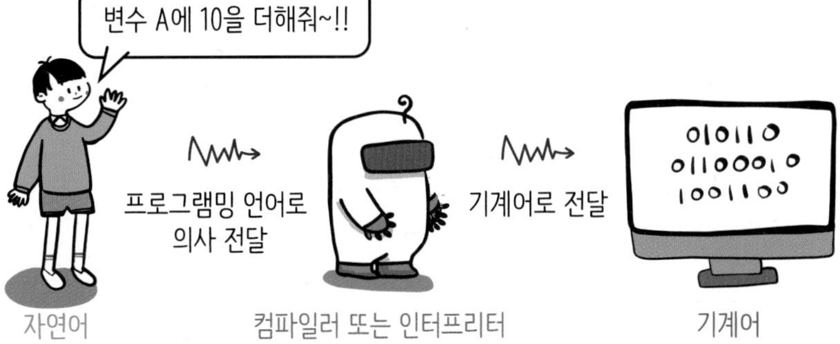

따라서 프로그래밍을 잘 하려면 프로그래밍 언어를 배우는 것이 첫걸음이랍니다.

What

2. 파이썬이란?

1 파이썬 유래

파이썬(Python)은 네덜란드인 귀도 반 로섬(Guido Van Rossum)이 개발한 프로그래밍 언어로 1989년 12월 개발하기 시작하여 1991년에 외부에 공개했습니다. '파이썬'은 귀도 반 로섬(Guido Van Rossum) 이 즐겨보던 코미디 프로그램인 '몬티 파이썬의 플라잉 서커스(Monty Python's Flying Circus)'에서 이름 붙였다고 합니다.

Check.

파이썬의 로고는 이 동물의 모양을 모티브로 만들었습니다.
파이썬의 원래 뜻이기도 한 이 동물은 무엇일까요?
웹사이트에서 찾아 적어보세요.

2 파이썬 특징

① 읽기 쉽다.

아래 파이썬 코드가 어떤 내용인지 생각해볼까요?

Python 3.8.5 Shell

File Edit Shell Debug Option Window Help

```
>>> score=85
>>> if score >= 80 :
        print('합격입니다!')
```

파이썬을 아직 배우지 않았더라도 if의 뜻을 알고 있다면 위 코드가 만약 score(점수)가 80점 이상이라면 '합격입니다.'라는 의미인 것을 이해할 수 있습니다.

이처럼 파이썬은 영어 구문과 비슷해서 문장을 읽듯이 쉽게 읽을 수 있습니다.

② 문법이 간단하다.

"Hello World"를 출력하는 코드를 비교해보겠습니다.

Java	c	Python

`public class Main {`
`    public static void main(String[] args) {`
`        System.out.println("Hello World");`
`    }`
`}`
	`#include <stdio.h>`
	`void main() {`
	`    printf("Hello World") ;`
	
	`    return 0 ;`
	`}`
		`print("Hello World")`

위의 세 코드를 살펴보면 파이썬으로 작성한 코드가 간단하다는 것을 알 수 있습니다. 파이썬은 다른 언어에 비해 문법이 간결하고 쉬워 빠르게 배울 수 있습니다.

③ 많은 라이브러리(Library)가 제공되는 오픈소스이다.

파이썬은 웹 개발, 게임, 데이터 과학, 인공지능 개발에 사용되는 다양한 라이브러리를 오픈소스로 제공하고 있어 개발을 쉽게 하고 빨리할 수 있어 개발 효율성이 무척 좋습니다.

Plus.

라이브러리(Library)란 다른 프로그램에서 사용하기 위해 만들어진 프로그램 파일로, 반복적인 코드 작성을 줄이기 위해 미리 만들어 둔 모듈과 패키지를 모아놓은 것입니다.

④ 다양한 플랫폼에서 사용할 수 있다.

파이썬은 UNIX, Windows, Macintosh와 같은 다양한 개발 플랫폼을 제공합니다. 운영체제와 상관없이 같은 방법으로 사용할 수 있고 서로 호환이 가능합니다.

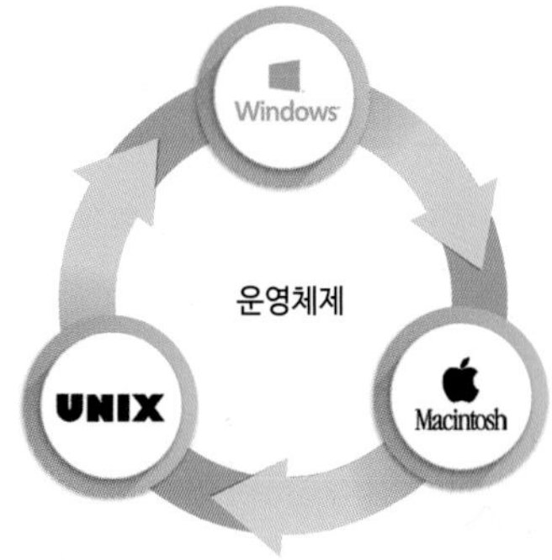

⑤ 대화형 인터프리터 방식이다.

파이썬은 한 줄의 문장을 입력하고 엔터키를 누르면 인터프리터가 해석해서 바로 실행되는 대화형 인터프리터 방식입니다.

인터프리터 방식은 코드를 실행한 후 바로 결과를 확인할 수 있어 명령을 잘못 입력했을 때 즉시 수정할 수 있다는 장점이 있습니다. 하지만 한 문장 한 문장 명령을 내리고 처리하기 때문에 명령을 한꺼번에 처리하는 컴파일러 방식보다는 상대적으로 처리 속도가 늦습니다.

Why

1. 파이썬 왜 배울까?

1990년대에 개발된 파이썬이 왜 최근에 많이 사용될까요?

파이썬은 머신러닝, 인공지능, 컴퓨터 과학, 데이터 분석, 모바일 애플리케이션 및 백엔드 웹 개발 등 다양한 분야에서 프로그래밍이 가능하여 활용도가 높아지고 있습니다.

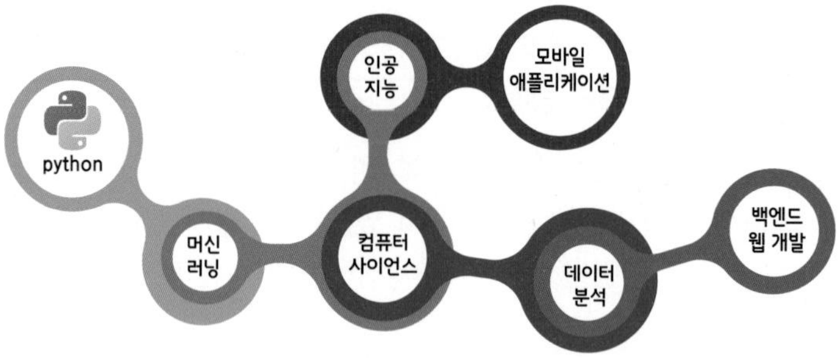

최근 빅데이터의 출현과 함께 데이터 분석과 이를 활용하는 인공지능 분야의 관심이 높아지면서 파이썬이 제공하는 유용한 라이브러리를 사용하여 애플리케이션 개발을 훨씬 빠르게 할 수 있게 됨에 따라 많은 개발자들이 파이썬을 사용하고 있습니다. 더불어 파이썬의 인기가 높아지고 있고, 프로그래밍 언어를 새로 배우고자 하는 사람들이 파이썬 세상에 입문하고 있습니다.

쉽고 활용도가 높은 파이썬을 통해 컴퓨터와 소통을 시작해보겠습니다.

How

1. 파이썬 설치하고 실행하기

파이썬 사용을 위해 먼저 파이썬을 설치하고 개발 환경인 IDLE(IDE–Integrated Development Environment) 에 대해 알아보도록 하겠습니다. 본 교재는 64 bit(비트) Windows 환경에서 파이썬 3.8.5 버전 기준으로 작성되었습니다. 파이썬의 버전이 계속 업그레이드되고 있어 설치 버전이 다를 경우 일부 화면 및 설명이 다소 상이 할 수 있습니다.

1 파이썬 설치

① https://www.python.org 파이썬 공식 사이트에 접속 후 64비트 버전 파이썬을 설치하기 위해 [Downloads] 메뉴를 선택 후 [Windows]를 클릭합니다.

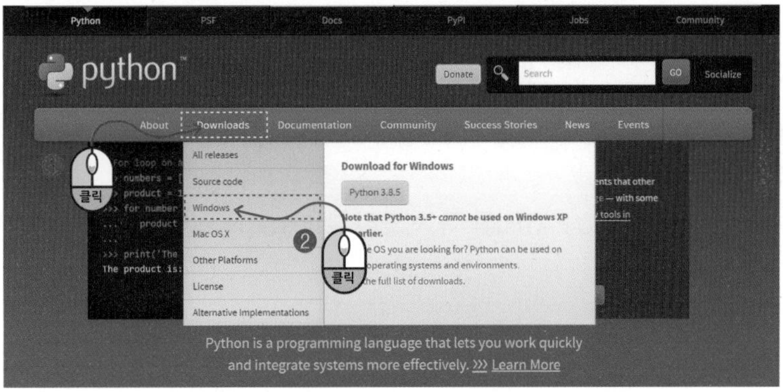

Attention. 설치 버전은 사용자 컴퓨터 환경에 맞는 32 bit 혹은 64bit 버전을 선택하시면 됩니다.

② ‘Stable Releases’중에서 ‘Python 3.8.5 – July 20, 2020’의 ‘Download Windows x86–64 executable installer’를 클릭합니다.

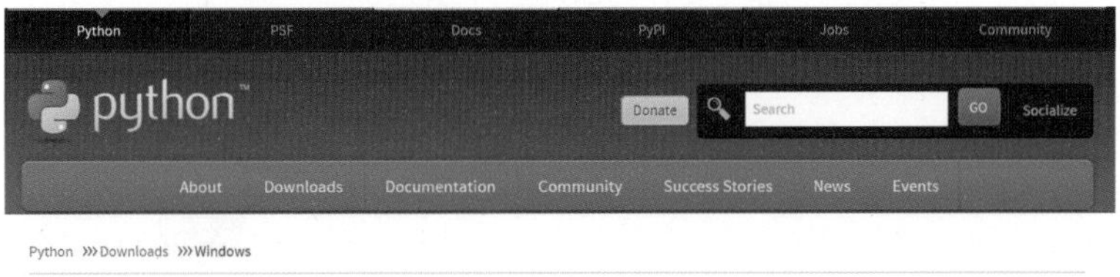

③ 다운로드 받은  설치파일을 실행합니다.

Tip. 브라우저에서 다운로드 받은 파일은 보통 [내 PC] -> [다운로드] 폴더 안에 저장됩니다.

④ [Add Python 3.8 to PATH]를 꼭 체크하고 [Install Now]를 클릭하여 설치를 시작합니다.

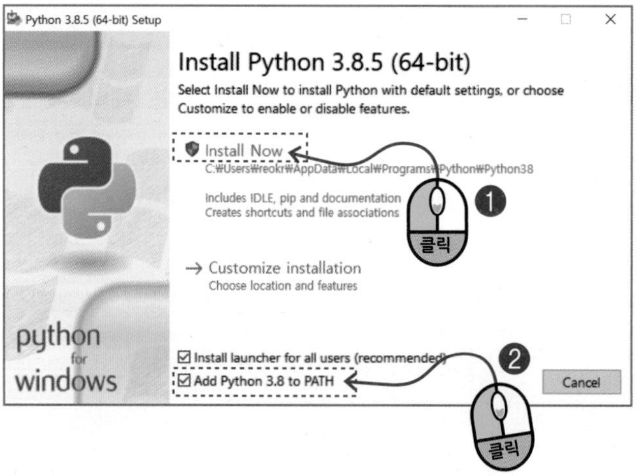

Attention. [Add Python 3.8 to PATH]에 선택 표시 후 설치를 하면 환경변수 Path가 자동으로 설정됩니다. 체크하지 않으면 수동으로 경로를 추가해야 하므로 꼭!! 체크 후 설치를 진행합니다.

⑤ 설치가 시작됩니다.

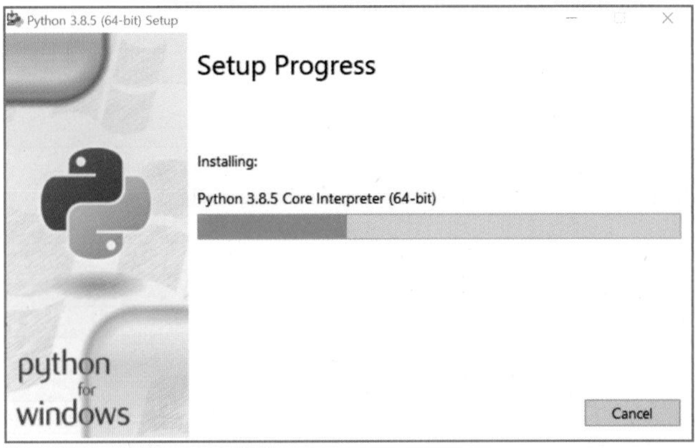

⑥ 설치가 완료되면 아래와 같은 화면이 나타납니다. [Close]를 클릭하고 설치 프로그램을 종료합니다.

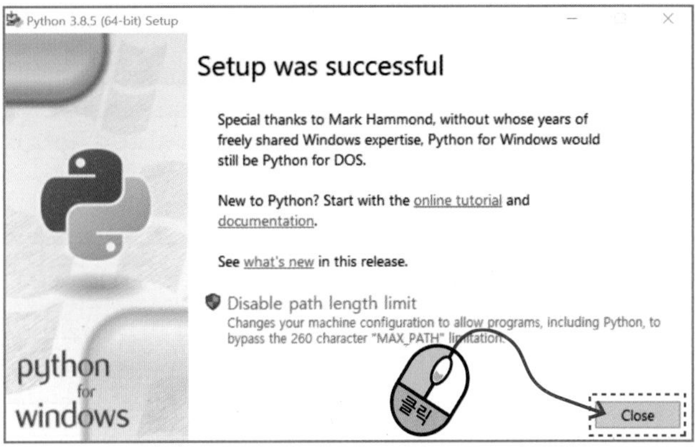

2 파이썬 인터프리터 실행하기

① 컴퓨터 [시작 -> Python 3.8 -> Python 3.8(64-bit)]를 클릭하여 파이썬 인터프리터를 실행합니다.

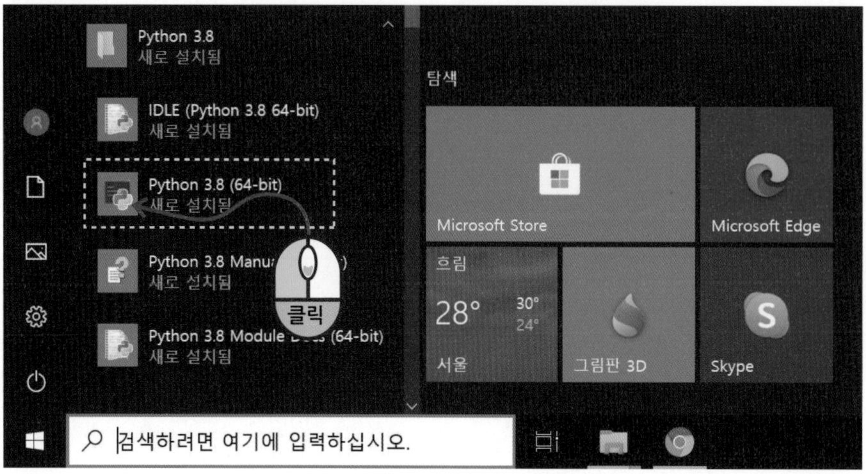

② 다음과 같은 파이썬 인터프리터가 실행됩니다.

12*6을 입력하고 엔터키를 눌러볼까요? 마치 대화하듯 12*6의 결과 '72'가 한 줄 아래 바로 출력되는 것을 확인할 수 있습니다

Python 3.8 (64-bit)

```
Python 3.8.5 (tags/v3.8.5:580fbb0, Jul 20 2020, 15:57:54) [MSC v.1924 64 bit
(AMD64)] on win32
Type "help", "copyright", "credits" or "license" for more information.
>>> 12*6
72
```

이처럼 입력한 코드의 결과를 바로 확인할 수 있는 것을 인터프리터 방식이라고 합니다.

How

2. IDLE 알아보기

파이썬 IDLE(Integrated Development Learning Environment)은 인터프리터로 사용하는 대화형 Shell(쉘)과 한 줄 이상의 코드를 작성할 때 사용하는 editor(에디터)로 구성된 통합 개발 환경입니다.

1 IDLE 실행하기

① 컴퓨터 [시작 -> Python 3.8 -> IDLE(Python 3.8 64-bit)]를 클릭하여 파이썬 IDLE을 실행합니다.

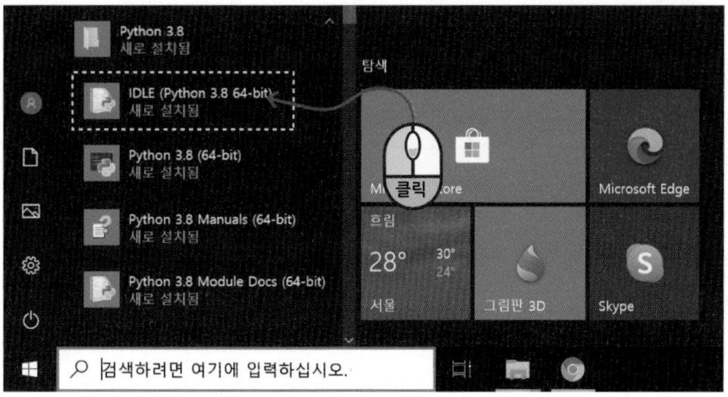

② 다음과 같은 IDLE의 Shell(쉘)이 실행됩니다.

Tip. 쉘이란 껍질이란 뜻이에요!!
파이썬 인터프리터를 감싸고 있다는 의미로 사용된 파이썬 Shell은 파이썬 인터프리터와 같습니다.

Python 3.8.5 Shell

File Edit Shell Debug Option Window Help

```
Python 3.8.5 (tags/v3.8.5:580fbb0, Jul 20 2020, 15:57:54) [MSC v.1924 64 bit (AMD
64)] on win32 Type "help", "copyright", "credits" or "license()" for more information.
>>> 12*6
72
```

2 IDLE의 Editor(에디터) 실행하기

① IDLE 쉘 메뉴에서 [File –〉 New File]을 클릭하여 에디터를 실행합니다.

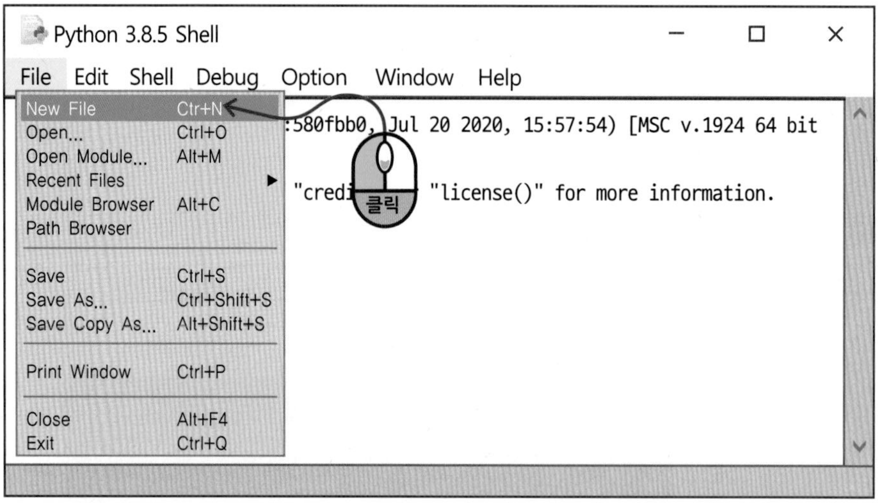

② 다음과 같은 IDLE 에디터가 실행됩니다.

에디터에서 코드를 '작성 –〉 저장 –〉 실행' 하여 결과를 확인합니다. 에디터는 주로 한 줄 이상의 코드를 작성할 때 사용합니다.

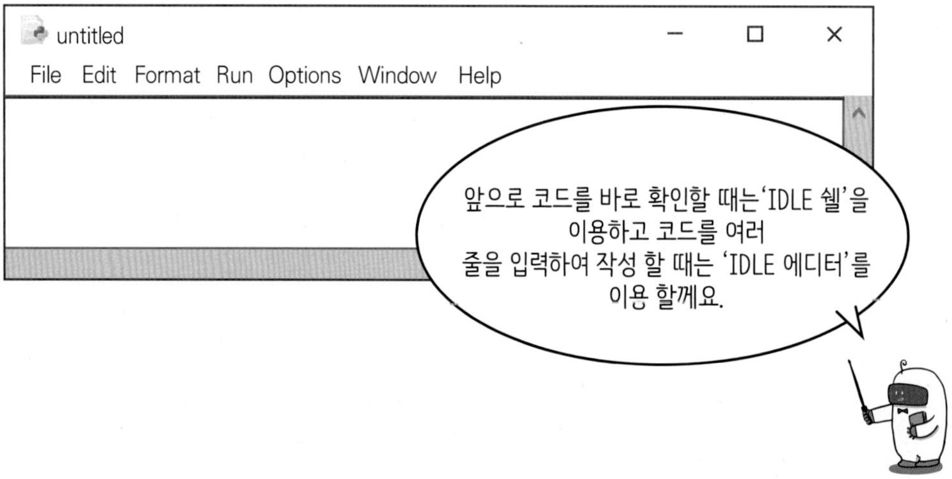

③ 다음의 코드를 작성 후 출력해 볼까요?

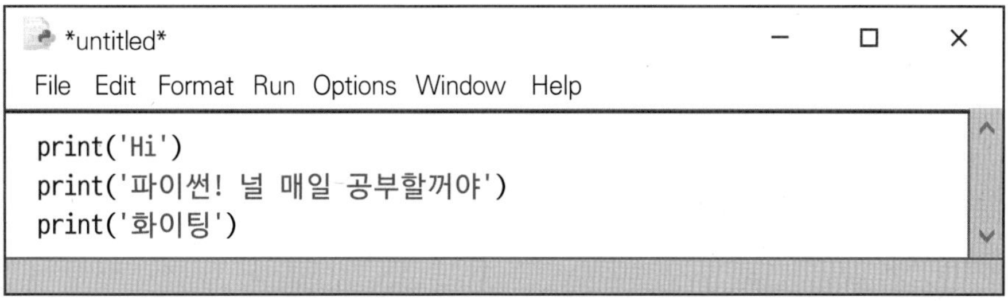

④ 코드 작성 후 [File] –> [Save As]를 선택하여 파일 이름을 'test'로 저장합니다.

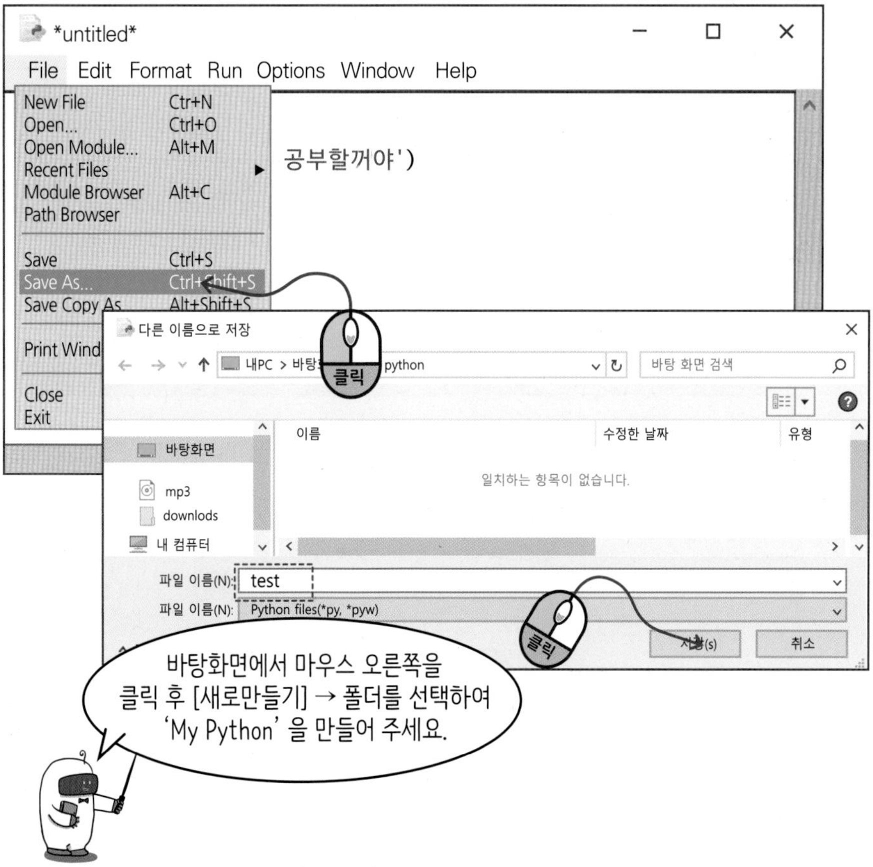

Tip. 바탕화면에 저장할 폴더를 만들어 연습 파일을 저장하면 파일을 관리하기 편합니다.

⑤ 저장 후 실행하기 위해 [Run] –> [Run Module]을 선택합니다. 단축키 F5를 눌러도 실행됩니다.

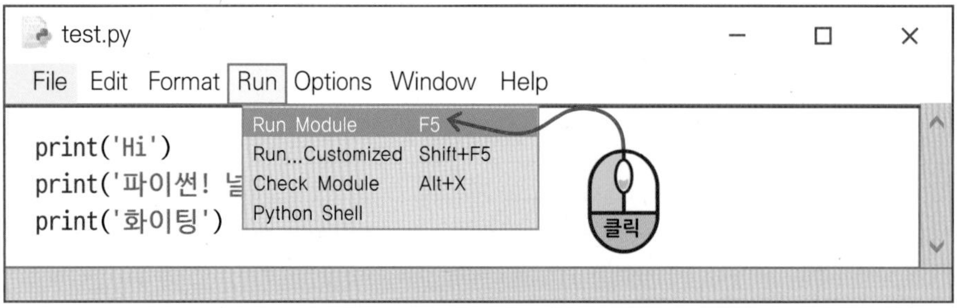

⑥ IDLE 쉘이 실행되면서 결과를 출력합니다.

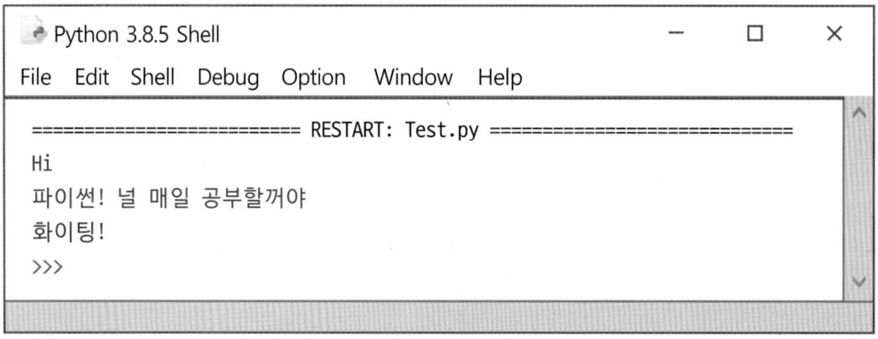

만약 실행 전에 저장을 안 한 경우에는 다음과 같은 창이 뜨니 '확인'을 클릭 후 파일명을 'test'라고 입력 후 저장합니다.

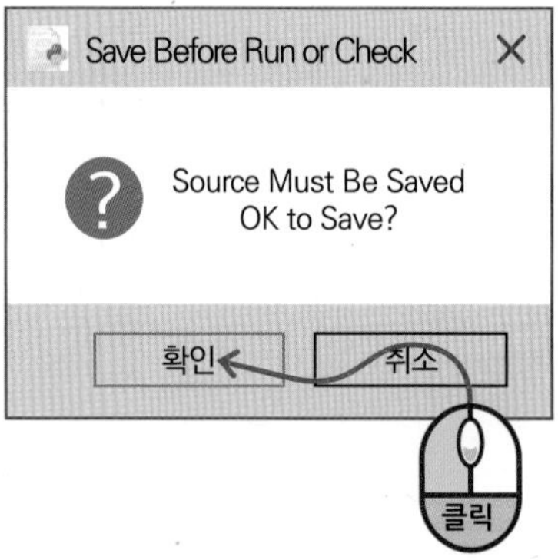

Plus. 통합개발환경(IDE-Integrated Development Environment)이란?

통합개발환경(Integrated Development Environment, IDE)이란 코드 작성, 인터프리팅 또는 컴파일, 디버깅 등과 같은 프로그래밍에 관련된 작업을 하나의 프로그램 안에서 처리하는 환경을 제공하는 소프트웨어입니다.

Understanding Concept

파이썬에는 그림을 그리는데 사용되는 터틀(turtle) 이라는 그래픽 모듈이 있습니다. 작은 거북이가 선, 원, 그 외 모양 그리고 텍스트까지 그릴 수 있게 만들어져 터틀이라고 부릅니다.

거북이와 함께 선을 그려보겠습니다.

① [python 3.8 –〉 IDLE(Python 3.8 64–bit)]를 실행 후 [File –〉 New File]을 열어 아래 코드를 작성합니다.

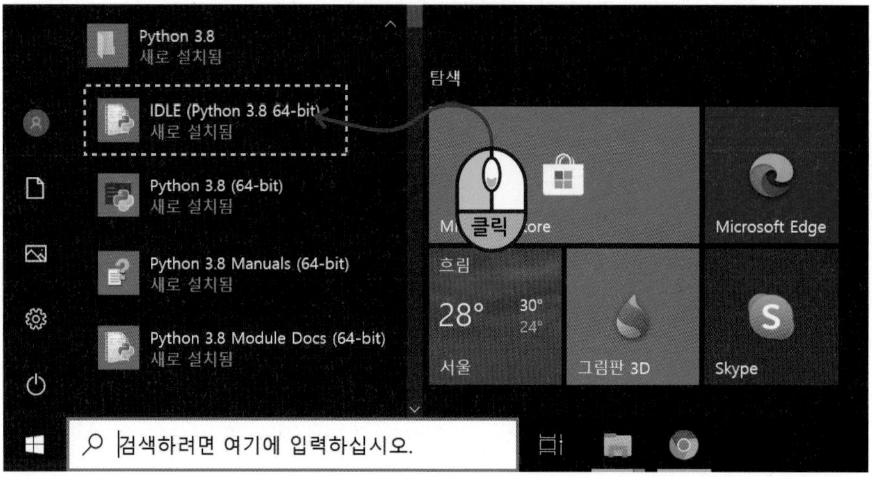

untitled

File Edit Format Run Options Window Help

```
import turtle                  # 터틀을 불러옵니다
turtle.shape('turtle')         # 터틀 모양을'터틀'로 합니다.
turtle.forward(100)            # 터틀을 앞으로 100만큼 이동합니다.
```

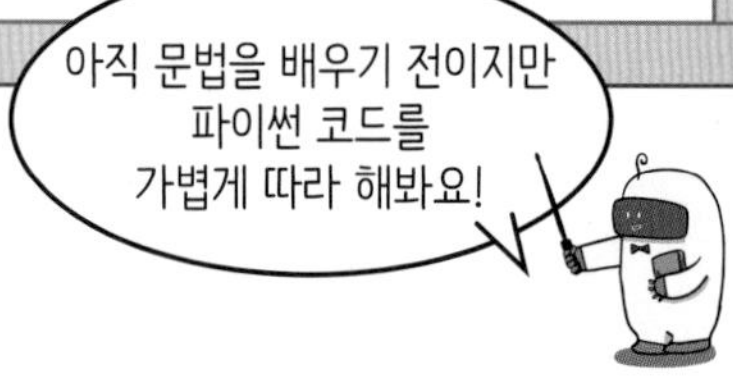

Tip. 코드 앞에 줄번호가 나오게 하려면 [Options -> Show Line Numbers]를 선택해주면 됩니다.

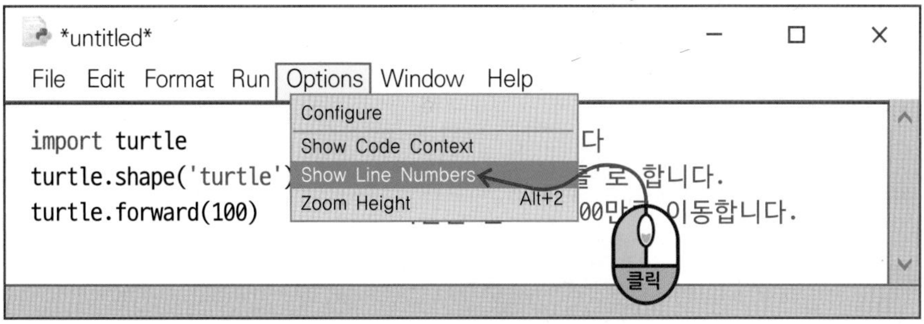

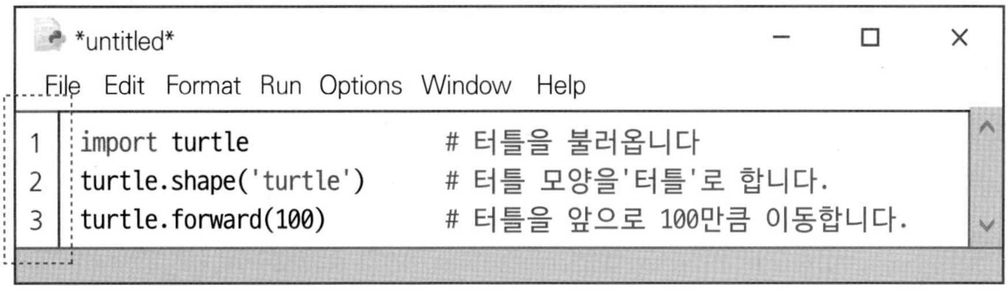

② [Run -> Run Module] 또는 F5를 사용하여 코드를 실행합니다.

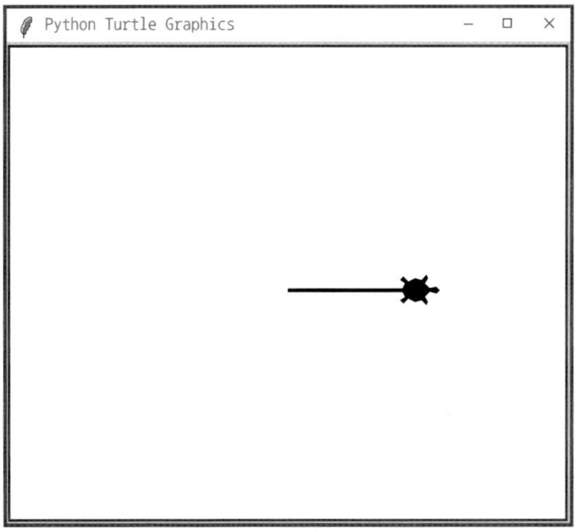

이제부터 터틀 그래픽을 사용하여 파이썬 프로그래밍에 사용하는 기본 용어와 문법에 대해 알아보도록 합니다.

1 할당 연산자(Assignment Operators)

'1+1=2'라는 수식에서 '=' 는 '같다'라는 의미의 등호이지만 프로그래밍에서 '='는 값을 지정하는 '할당 연산자'입니다. 아래 코드에서는 'a는 2와 같다'가 아니고 a에 2라는 값을 지정한다는 의미입니다.

프로그램 코드

File Edit Format Run Options Window Help

```
a=2                # a 변수에 2를 할당합니다.
```

거북이로 알아보기

거북이가 반지름이 100인 원을 그리는 프로그래밍을 해 보겠습니다.

't' 객체를 만들어 turtle.Turtle()를 할당해보겠습니다.

프로그램 코드

File Edit Format Run Options Window Help

```
import turtle          # 터틀을 불러옵니다.
t=turtle.Turtle()      # turtle.Turtle()을 't' 객체에 할당합니다.
t.shape('turtle')      # 터틀 모양을 '터틀' 로 정합니다.
t.circle(100)          # 100 사이즈 원을 그립니다.
```

실행결과

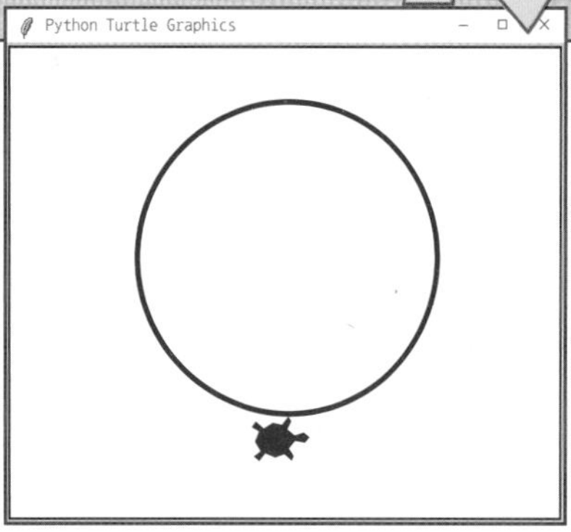

2 문장 작성

파이썬에서는 한 줄에 한 문장을 쓰는 것이 원칙입니다. 하지만 필요에 따라 한 줄에 여러 문장을 쓸 수도 있고 한 문장을 여러 줄에 나누어 쓸 수도 있습니다.

① 한 줄에 여러 문장 쓰기 - 세미콜론(;)

한 줄에 한 문장이 아닌 여러 문장을 쓸 경우 앞 문장 끝에 '세미콜론(;)'을 붙여 작성합니다.

프로그램 코드

File Edit Format Run Options Window Help

```
a = 1 ; b = 2 ; c = 3
```

② 문장 줄 바꾸기 – \n

문장의 줄을 바꾸기 할 때 '\n'을 사용합니다. \(역슬래시) 는 키보드의 '₩' 기호입니다.

프로그램 코드

File Edit Format Run Options Window Help

```
a = '파이썬' + '\n' + '재미있지?'
print(a)
```

실행결과

File Edit Shell Debug Option Window Help

```
파이썬
재미있지?
>>>
```

Plus. 숫자와 문자열은 구분해서 표시합니다. 숫자의 경우 123 숫자 그대로를 표현하면 되지만 문자열의 경우에는 '파이썬'과 같이 문자열에 따옴표(' ' 또는 " ")를 사용합니다.

print(안녕) print('안녕')

프로그램 코드

File Edit Format Run Options Window Help

```
import turtle
t=turtle.Turtle()
t.shape('turtle')
t.write('반가워' + '\n' + '파이썬과 친해지자!')
t.forward(200)
t.left(90)
t.forward(200)
t.left(90)
t.forward(200)
t.left(90)
t.forward(200)
t.left(90)
```

실행결과

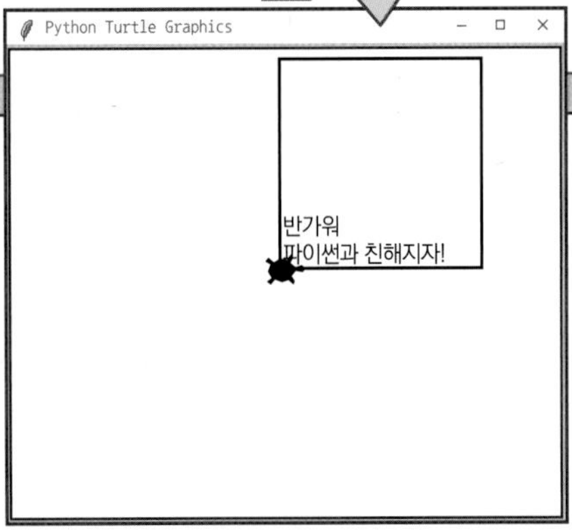

❸ 주석(Comment)

프로그램 실행에 영향을 주지 않으며 코드를 이해하는데 필요한 설명을 주석이라고 합니다. 파이썬에서 주석 표시는 '#' 문자를 사용합니다.

① 한 줄 주석 – #

```
프로그램 코드
File  Edit  Format  Run  Options  Window  Help

# 변수 a에 1을 저장한다
a = 1
```

② 여러 줄 주석 – ''' ~ '''(작은 따옴표 3개) 또는 """ ~ """(큰따옴표 3개)

```
프로그램 코드
File  Edit  Format  Run  Options  Window  Help

'''
변수 a에 1을 저장한다
주석은 프로그램에 영향을 주지 않는다.
파이썬은 재밌다.
'''
a = 1
```

Plus. 파이썬에서 사용하는 여러 줄 주석은 엄밀히 주석은 아니고 Help에서 기능을 설명해주는 doc string입니다.

거북이로 알아보기

거북이가 한 변이 130인 정삼각형을 그리고 보라색으로 채우는 프로그래밍을 해 보겠습니다. 주석을 이용하여 설명을 작성해 보겠습니다.

프로그램 코드

File Edit Format Run Options Window Help

```
import turtle
t=turtle.Turtle()
t.shape('turtle')
t.color('purple')   # 보라색으로 선을 그린다
t.begin_fill()      # 거북이가 움직인 대로 색칠을 준비한다
t.forward(130)      # 앞으로 130 이동한다
t.left(120)         # 왼쪽으로 120도 회전한다
t.forward(130)
t.left(120)
t.forward(130)
t.left(120)
t.end_fill()
```

실행결과

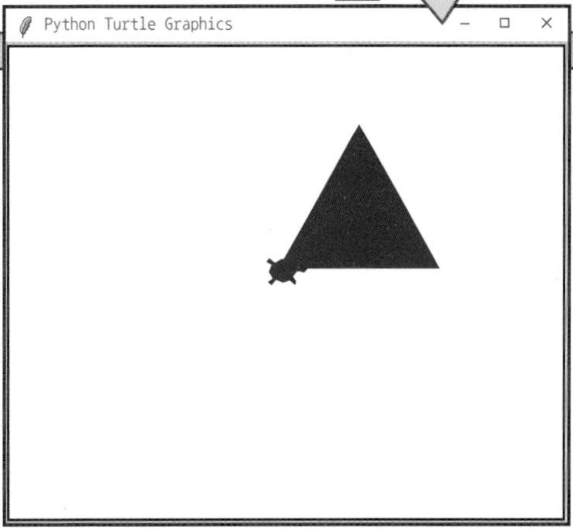

4 들여쓰기(Identation)

파이썬에서 '들여쓰기'는 꼭 지켜야 할 문법 사항입니다.

if(조건문), for/while(반복문), def(함수), class(클래스) 뒤에는 콜론(:)을 붙이고 다음 줄에서는 들여쓰기를 사용하여 작성해야 합니다. 콜론을 입력한 후 엔터(enter)를 하면 다음 줄이 자동으로 같은 공간으로 들여쓰기가 사용됩니다.

[잘못된 사용 예]

프로그램 코드

File Edit Format Run Options Window Help

```
score = 95
if score > 90 :
print( '파이썬님' )
print( '축하합니다.' )
```

[올바른 사용 예]

프로그램 코드

File Edit Format Run Options Window Help

```
score = 95
if score > 90 :
    print( '파이썬님' )
    print( '축하합니다.' )
```

거북이로 알아보기

영문 소문자 'o'를 입력하면 거북이가 빨간 삼각형을 그리고 'p'를 입력하면 노란 원을 'q'를 입력하면 프로그램이 종료되는 프로그래밍을 해 보겠습니다.

프로그램 코드

File Edit Format Run Options Window Help

```
import turtle
t=turtle.Turtle()
t.shape('turtle')

while True:
    command=input('빨간삼각형 "o", 노란원은 "p", 종료는 "q"를 입력하세요:')
    if command == 'o':            # 조건문이 끝나 콜론을 사용한다
        t.color('red')            # 콜론 다음 줄에는 들여쓰기한다
        t.begin_fill()
        for i in range(3):        # 조건문이 끝나 콜론을 사용한다
            t.forward(130)        # 콜론 다음 줄에는 들여쓰기한다
            t.left(120)
        t.end_fill()

    if command == 'p':            # 조건문이 끝나 콜론을 사용한다
        t.color('yellow')         # 콜론 다음 줄에는 들여쓰기한다
        t.begin_fill()
        t.circle(100)
        t.end_fill()

    if command == 'q':
        break                      # 종료된다
```

입력창

File Edit Shell Debug Option Window Help

```
빨간삼각형 "o", 노란원은 "p", 종료는 "q"를 입력하세요:p
빨간삼각형 "o", 노란원은 "p", 종료는 "q"를 입력하세요:o
빨간삼각형 "o", 노란원은 "p", 종료는 "q"를 입력하세요:
```

실행결과

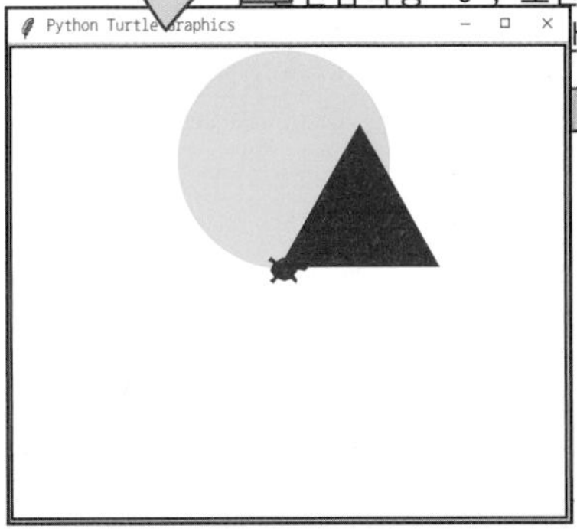

Plus. 터틀 그래픽을 사용하는 함수는 다음과 같습니다.

함수	설명	사용 예
forward(distance)	거북이가 앞으로 이동	turtle.forward(100)
backward(distance)	거북이가 뒤으로 이동	turtle.backward(100)
left(angle)	거북이가 왼쪽으로 회전	turtle.left(45)
right(angle)	거북이가 오른쪽으로 회전	turtle.right(45)
setheading(angle)	거북이의 방향을 설정	turtle.setheading(90)
circle(radius)	현재 위치에서 원 그리기	turtle.circle(50)
down() / pendown()	펜 내리기	turtle.down()
up() / penup()	펜 올리기	turtle.up()
shape(shapename)	거북이 모양 바꾸기 ▶ 모양 이름 : 'arrow', 'circle', 'square', 'triangle'	turtle.shape('turtle')
shapesize(size)	거북이 크기 정하기	shzpesize(5)
speed(speed)	거북이 속도 바꾸기 ▶ 속도 1 : 가장 느린 속도 10 : 빠른 속도 0 : 최고 속도	turtle.speed(1)
pensize(width)	펜 굵기 바꾸기	turtle.pensize(3)
pencolor(color)	펜 색 바꾸기	turtle.pencolor('red')
bgcolor(color)	배경 색 바꾸기	turtle.bgcolor('black')
fillcolor(color)	도형 내부 칠하는 색 바꾸기	turtle.fillcolor('green')
begin_fill()	도형 내부 색칠 시작하기	turtle.begin_fill()
end_fill()	도형 내부 색칠 끝내기	turtle.end_fill()
color()	설정된 color 구하기	turtle.color()
color(color)	펜 색 바꾸기	turtle.color('red')
color(color1, color2)	펜 색과 도형 내부 색 바꾸기	turtle.color('block', 'green')
pos(), position()	거북이의 현재 위치 (x, y 좌표)구하기	turtle.pos()
xcor(), ycor()	거북이의 x 좌표 혹은 y 좌표 구하기	a = turtle.ycor()
goto(x, y)	거북이를 특정 좌표로 보내기	turtle.goto(100, 100)
setpos(x, y)		turtle.setpos(-50, 50)
setx(x), sety(y)	거북이를 x 좌표 혹은 y 좌표로 보내기	turtle.setx(50) turtle.sety(100)

Finding Error

① 변수에 값을 지정하고 실행하였더니 다음과 같은 SyntaxError가 발생하였습니다. 오류가 발생한 이유를 찾아보고 틀린 부분을 찾아 올바르게 수정해 보세요.

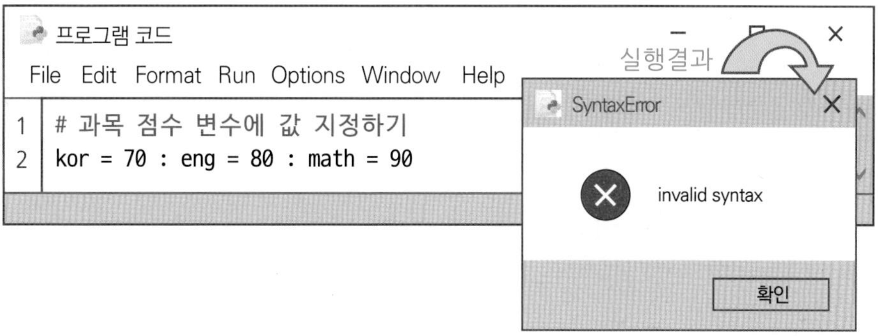

② score(점수)가 90점 이상이면 'A 학점입니다. 축하합니다.'라는 메시지를 출력하는 프로그램을 작성 후 다음과 같은 Syntax Error가 발생하였습니다. 오류가 발생한 이유를 찾아보고 틀린 부분을 찾아 올바르게 수정해 보세요.

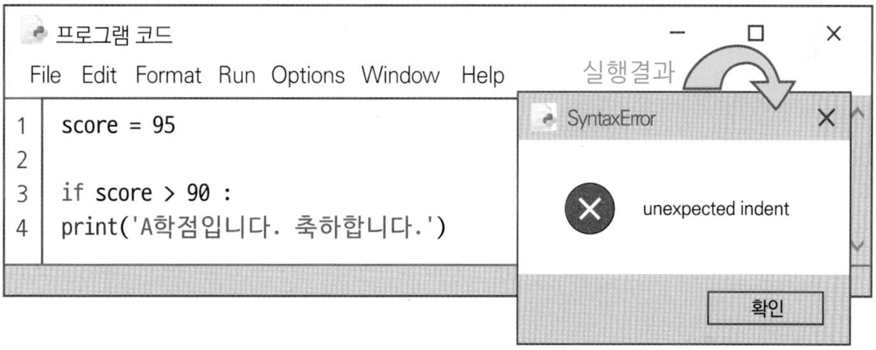

Explanation

① 여러 문장을 한 줄로 사용할 때는 ;(세미콜론)으로 구분해야 합니다.
kor = 70 ; eng = 80 ; math = 90

② if 문 다음 줄(4 line)부터는 들여쓰기를 적용해야 합니다.

Checking Point

01. 프로그래밍 언어에는 Python, C, C++, Java 등과 같은 다양한 언어들이 있다. (O , X)

02. 파이썬은 한 줄의 문장을 입력하면 바로 실행되는 대화형 인터프리터 방식이다. (O , X)

03. 에디터에서 코드 작성, 저장 후 실행하기 위한 선택으로 올바른 것을 고르시오.

① File –> Save As
② Edit –> Copy
③ Run –> Run Module
④ File –> Open Module

04. 진우가 아래 프로그램을 실행 후 SyntaxError 가 발생하였습니다. 정상적으로 실행되도록 수정하세요.

프로그램 코드

File Edit Format Run Options Window Help

```
a = 진우는 + '\n' + 파이썬을 잘한다.
print(a)
```

실행결과

SyntaxError

invalid syntax

확인

05. 지수는 다음과 같은 실행 결과를 생각하고 프로그램 작성 중입니다. 잘못된 부분을 찾아 수정하세요.

프로그램 코드

File Edit Format Run Options Window Help

```
for x in range(2) :
    print('A')
    print(B)
print('C')
```

실행결과

File Edit Shell Debug Option Window Help

```
A
B
C
A
B
C
```

MEMO

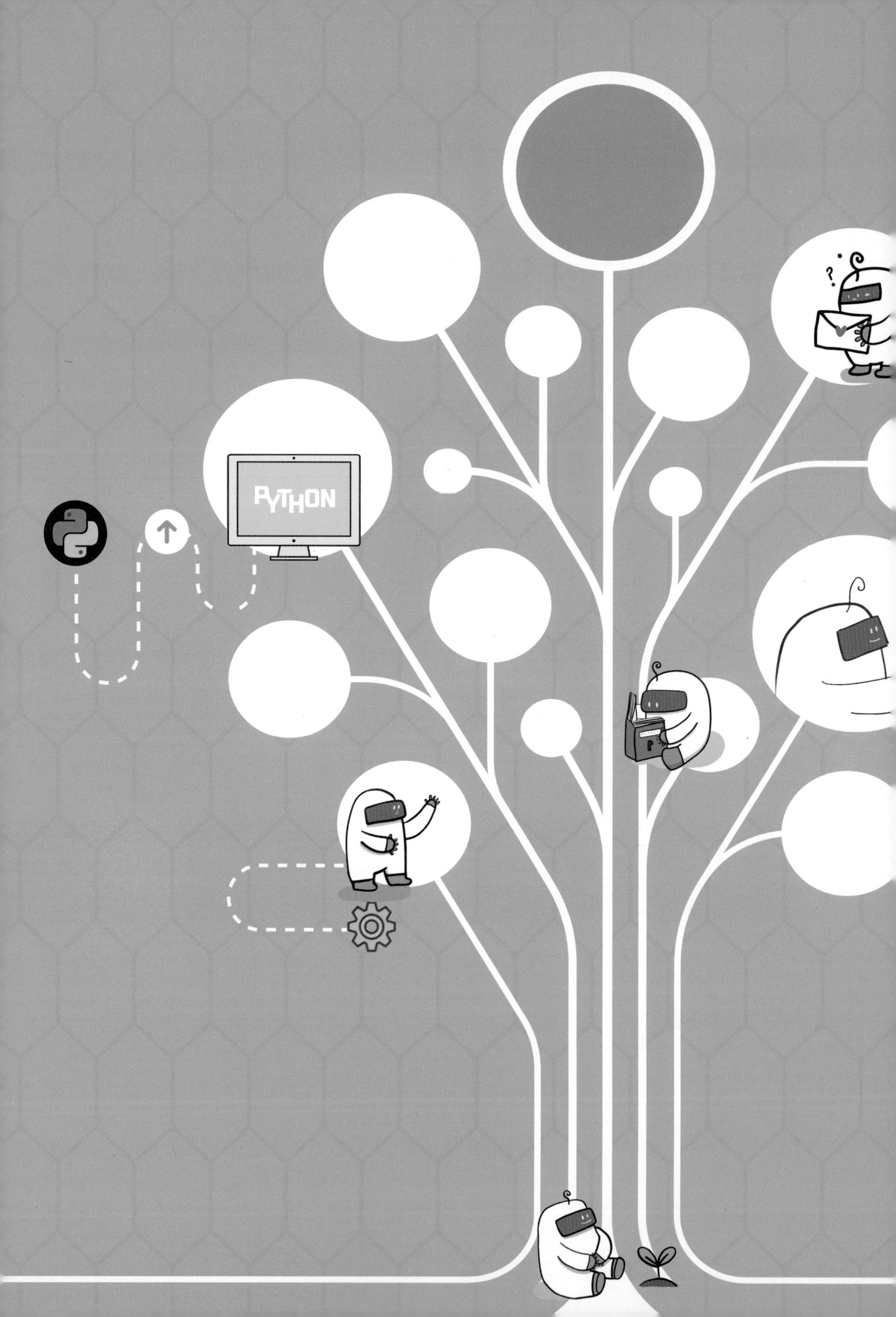
PYTHON

PART 02

파이트리 뿌리 내리기

(기본 데이터 알아보기)

PYTHON
AS YOU THINK!!

Overview

데이터란 프로그래밍에서 프로그램이 참조하는 숫자 값, 이진 값, 또는 문자 값이 저장되는 부분을 의미하며 디지털 컴퓨터에서 데이터는 0 또는 1로 표현되는 이진수로 나타냅니다. 이런 특성 때문에 데이터를 처리하고 표현하는 방법이 존재합니다.

컴퓨터에서 처리하는 데이터는 크게 산술연산을 위한 수치 데이터와 입출력과 데이터 처리를 코드화한 문자 데이터로 나누어지는데 프로그래밍 언어마다 다를 수 있지만 대부분 정수, 논리, 문자열 등과 같은 형식 이름을 갖습니다.

프로그래밍할 때 데이터 형식이 잘못되면 데이터를 원하는 방식으로 사용하지 못할 수 있으므로 데이터 타입별로 형식과 사용법을 아는 것은 기본적인 준비사항입니다.

프로그래밍의 첫걸음으로 이제부터 파이썬에서 사용하는 데이터 타입과 그 형식에 대해서 알아보고, 데이터의 처리에 사용되는 다양한 방법을 알아보겠습니다.

배워볼까요?

❶ 파이썬의 데이터 타입 알아보기

❷ 파이썬의 표준 입출력 익히기

❸ 데이터를 저장하는 변수 알아보기

PART 02

1 기본 데이터 알아보기

What

1. 데이터 타입 및 처리

우리는 일상 속에서 다양한 데이터 타입을 만날 수 있습니다.

엘리베이터를 이용하는 과정 속에 적용되고 있는 데이터 타입을 알아볼까요?

엘리베이터를 이용하는 과정을 적어보면, ① 엘리베이터를 호출한다. ② 이동하려는 층의 번호를 누른다. ③ 입력한 층에 도착하면 내린다. 와 같은 단계를 통해 층을 이동을 할 수 있습니다.

이용자 입장에서는 간단하게 이용되는 엘리베이터지만, 엘리베이터를 운영하는 프로그램은 이용자가 누른 버튼의 '00' 이라는 숫자데이터를 입력 받고, 문이 열려있는지 닫혀 있는지 논리데이터로 확인한 후, 내려야 할 층을 알려주기 위해 "00층에 도착했습니다."라는 문자열 데이터를 출력해주는 등 엘리베이터의 정상 가동을 위해 다양한 데이터들이 복합적으로 활용되고 있답니다.

What

2. 데이터 타입의 종류

파이썬에는 숫자, 문자열, 논리, 리스트, 튜플, 딕셔너리, 셋 데이터 타입이 있습니다.

이번 파트에서는 기본데이터인 숫자, 문자열, 논리 데이터타입에 대해서 알아보겠습니다.

① 숫자(number)

연산이 가능한 숫자 형태로 이루어진 데이터 타입입니다.

종류	예
정수(int)	0, 1, 2, 10, 1000, -51, -4568
실수(float)	0.0, 1.0, -51.57, -4578.7 같이 소수점을 포함한 숫자이다.
복소수(complex)	1j, 5+1j, -1+7j와 같이 실수 뒤에 허수 j(J)가 포함된 숫자이다.

② 문자열(string)

하나 이상의 문자를 나타낸 데이터 타입입니다.

종류	예
문자열(str)	'A'
	'파이썬을 시작합니다.'
	'ABC'
	'1547'
	'Hello, python.'
	'' #null 문자표시

③ 논리(bool)

참(True), 거짓(False)을 나타내는 데이터 타입입니다.

종류	예
논리(bool)	True
	False

How

1. 숫자를 나타내는 숫자 데이터

[시작 → Python 3.8 → IDLE (Python 3.8 64-bit)]를 클릭하여 파이썬 IDLE에서 파이썬 코드를 작성하고 실행해 봅시다.

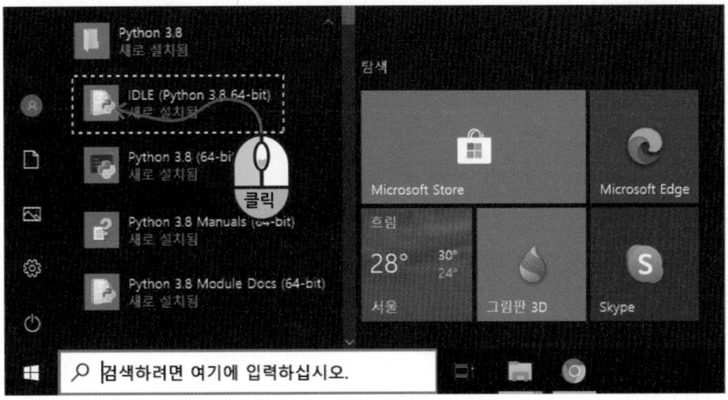

1 숫자 나타내기

숫자 데이터 타입은 정수, 실수 등 숫자 형태 그대로 사용합니다. 다음과 같이 숫자 데이터를 입력해볼까요?

Python 3.8.5 Shell

File Edit Shell Debug Option Window Help

```
>>> 617
617
>>> print(58.245)
58.245
>>>
```

2 숫자 다루기

숫자는 사칙연산(더하기, 빼기, 곱하기, 나누기)과 몫, 나머지, 제곱 연산이 가능하며 아래 연산기호를 갖은 산술연산자를 사용합니다.

산술연산자

함수	설명
더하기	+
빼기	-
곱하기	*
나누기	/
몫	//
나머지	%
제곱	**

① 사칙연산자(+, -, *, /) 사용하기

Python 3.8.5 Shell

File Edit Shell Debug Option Window Help

```
>>> print( 13 + 5 )
18
>>> print( 13 - 5 )
8
>>> print( 13 * 5 )
65
>>> print( 13 / 5 )
2.6
>>>
```

② 나누기 연산자(/, //) 사용하기

나누기 '/' 연산자는 A를 B로 나누기한 값을 소수점까지 출력하고, 몫 '//' 연산자는 A를 B로 나누기한 값을 소수점은 버리고 정수만 출력합니다.

13/5 와 13//5를 계산한 후 빈칸의 결괏값을 입력해보세요.

```
Python 3.8.5 Shell
File  Edit  Shell  Debug  Option  Window  Help

>>> print( 13 / 5 )
[          ]
>>> print( 13 // 5 )
[          ]
>>>
```

13//5를 계산한 결괏값 [   ] 은 13을 5로 나눈 몫이 됩니다.

③ 나머지 연산자(%) 사용하기

A를 B로 나누고 남은 나머지를 출력합니다. 13%5를 나눈 나머지 값을 확인해 볼까요?

```
Python 3.8.5 Shell
File  Edit  Shell  Debug  Option  Window  Help

>>> print( 13 % 5 )
3
>>>
```

13을 5로 나눈 나머지는 [   ] 입니다.

④ 제곱 연산자(**) 사용하기

A**n은 A를 n번 반복해서 곱하는 연산자로 13**5=13*13*13*13*13을 계산한 값을 출력합니다. 13**5의 결괏값을 적어보세요.

```
Python 3.8.5 Shell
File  Edit  Shell  Debug  Option  Window  Help

>>> print( 13 ** 5 )
[          ]
>>>
```

5687을 12로 나누었을 때 몫과 나머지를 구하는 프로그램이 완성되도록 빈칸을 채워보세요.

```
Python 3.8.5 Shell
File  Edit  Shell  Debug  Option  Window  Help

>>> print(5687 [   ] 12)        # 5687을 12로 나누었을 때 몫 구하기
[          ]
>>> print(5687 [   ] 12)        # 5687을 12로 나누었을 때 나머지 구하기
[          ]
>>>
```

파이썬의 연산에서도 수학 연산의 우선순위와 같은 규칙이 적용됩니다. 다음 문제에 연산의 우선순위를 적용해서 풀어볼까요?

Python 3.8.5 Shell

File Edit Shell Debug Option Window Help

```
>>> # 1번
>>> print( 20 - 5 * 3 )
5
>>> # 2번
>>> print( ( 20 - 5 ) * 3 )
45
>>>
```

기본처리순서

```
print( 20 - 5 * 3 )
```

① 5 * 3
② 20 - ①

괄호(())를 사용한 순서

```
print( (20 - 5) * 3)
```

① (20 - 5)
② ① * 3

Plus. 연산의 우선순위

- 거듭제곱이 있으면 거듭제곱을 먼저 계산한다.
- 괄호 안의 연산을 먼저 계산한다.
- 혼합연산식이면 *, /을 먼저 계산하고, +,-는 나중에 계산한다.
- +, - 만 있는 연산은 앞에서부터 순서대로 계산한다.

How

2. 여러 개 문자를 표현하는 문자열 데이터

1 문자열 나타내기

문자열은 문자열임을 구분하기 위해 문자를 " "(큰따옴표)나 ' '(작은따옴표)로 감싸서 입력해야 합니다.

Hello 문자열을 화면에 출력해 보겠습니다.

```
Python 3.8.5 Shell
File  Edit  Shell  Debug  Option  Window  Help
>>> print('Hello')
Hello
>>>
```

문자열을 사용할 때 " "(큰따옴표) 또는 ' '(작은따옴표)를 사용하지 않으면, 다음과 같은 오류 메시지가 발생합니다.

```
Python 3.8.5 Shell
File  Edit  Shell  Debug  Option  Window  Help
>>> print ( 안녕하세요? )
SyntaxError: invalid syntax
>>>
```

' ' (작은따옴표)를 이용하여 여러분의 이름을 출력해 보세요.

```
Python 3.8.5 Shell
File  Edit  Shell  Debug  Option  Window  Help
>>> print( '[          ]' )
[          ]
>>>
```

Attention. 문자열을 사용할 때 큰따옴표(")로 시작해서 작은따옴표(')로 끝낸다면 어떻게 될까요?

```
Python 3.8.5 Shell
File  Edit  Shell  Debug  Option  Window  Help
>>> print("Hello')
SyntaxError: EOL while scanning string literal
>>>
```

EOL은 end-of-line의 약어로 줄의 끝에 따옴표가 없다는 알려주는 에러입니다. 큰따옴표(")로 시작해서 작은따옴표(')로 끝내면 문법적인 오류로 처리됩니다.

2 문자열 다루기

파이썬에서는 문자열과 문자열을 더하거나 또는 문자열과 숫자를 곱할 수 도 있습니다.

① 문자열 연결하기 : 문자열 + 문자열

'Hello'	+	'python'
문자열	문자열 연결 연산자	문자열

↓

'Hellopython'

'+' 연산자를 사용하여 문자열과 문자열을 연결하여 출력해 보세요.

```
Python 3.8.5 Shell
File  Edit  Shell  Debug  Option  Window  Help
>>> print('Hello'+'python')
Hellopython
>>> print('안녕하세요'+'!')
안녕하세요!
>>>
```

문자열과 숫자를 '+' 연산자로 연산하면 어떤 결과가 나올까요?

```
Python 3.8.5 Shell
File  Edit  Shell  Debug  Option  Window  Help

>>> print('Hello'+1)
Traceback (most recent call last):
  File "<pyshell#16>", line 1, in <module>
    print("Hello"+101)
TypeError: can only concatenate str (not "int") to str
>>>
```

← 오류 메시지

문자열과 숫자처럼 타입이 다른 데이터를 + 연산자로 연결하여 사용하면 위와 같은 타입에러가 발생합니다.

만약 문자열과 숫자를 붙여 함께 출력하고 싶다면 숫자에 큰따옴표("...") 또는 작은따옴표('...')를 붙여서 문자열 형태로 변환해서 사용하면 됩니다.

```
Python 3.8.5 Shell
File  Edit  Shell  Debug  Option  Window  Help

>>> print( 'Hello' + '101' )
Hello101
>>>
```

문자열 연결 연산자는 앞으로 많이 사용하게 될 거랍니다. 기억해주세요!!

② 문자열 반복하기 : 문자열 * 정수

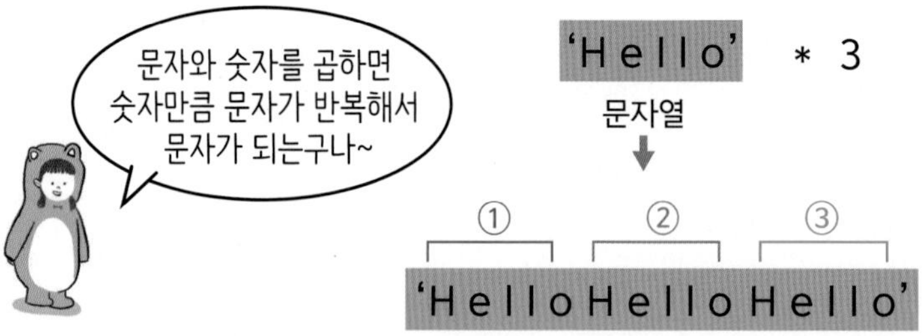

파이썬에서는 문자열과 숫자를 '*' 연산자로 연결하면 문자열을 곱해진 숫자만큼 문자열을 반복시켜 새로운 문자열을 생성합니다. 안녕을 5번 반복하도록 다음과 같이 입력해봅니다.

```
Python 3.8.5 Shell
File  Edit  Shell  Debug  Option  Window  Help
>>> print( '안녕' * 5 )
안녕안녕안녕안녕안녕
>>>
```

'+' 연산자와 달리 '*' 연산자는 입력된 숫자만큼 문자열을 반복하라는 의미기 때문에 문자열*숫자 연산을 사용해도 타입 에러가 발생하지 않습니다. 여러분의 이름을 10번 출력하도록 '*' 연산자를 이용해보세요.

```
Python 3.8.5 Shell
File  Edit  Shell  Debug  Option  Window  Help
>>> print( [          ] )
[          ]
>>>
```

③ 문자열 선택하기(인덱싱) : [ ]

문자열 안의 문자 하나를 선택해서 출력하려면, 대괄호[ ] 안에 선택할 문자의 위치를 입력하면 됩니다. 이때 문자의 위치를 나타내는 번호를 인덱스라고 합니다.

- 양수 인덱스 :

  첫 번째 문자의 인덱스는 0부터 시작해 오른쪽으로 1씩 증가 되며, 띄어쓰기도 하나의 문자로 처리됩니다.

양수 인덱스 →

H	e	l	l	o		p	y	t	h	o	n
[0]	[1]	[2]	[3]	[4]	[5]	[6]	[7]	[8]	[9]	[10]	[11]

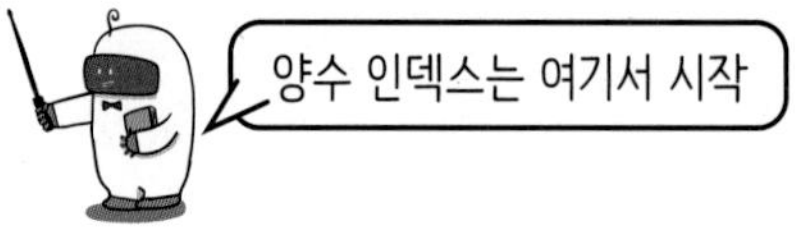

Hello python 문자열에서 'y' 문자를 출력해 봅니다.

```
Python 3.8.5 Shell
File  Edit  Shell  Debug  Option  Window  Help
>>> print( 'Hello python' [ 7 ] )
y
>>>
```

다음 코드를 입력 후 결과를 확인 후 실행화면에 적어보세요.

```
Python 3.8.5 Shell
File  Edit  Shell  Debug  Option  Window  Help
>>> print( 'Hello python' [ 0 ] )
>>> print( 'Hello python' [ 4 ] )
>>> print( 'Hello python' [ 5 ] )
>>> print( 'Hello python' [ 9 ] )
>>> print( 'Hello python' [ 11 ] )
>>>
```

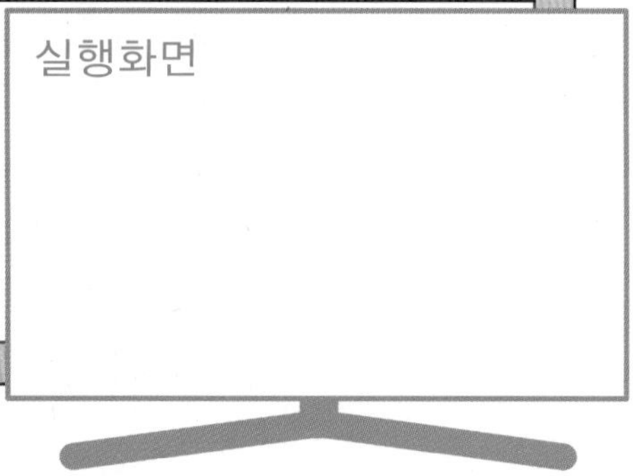

- 음수 인덱스 :

  마지막 문자의 인덱스가 -1부터 시작해, 왼쪽으로 -1씩 증가 됩니다.

← 음수 인덱스

H	e	l	l	o		p	y	t	h	o	n
[-12]	[-11]	[-10]	[-9]	[-8]	[-7]	[-6]	[-5]	[-4]	[-3]	[-2]	[-1]

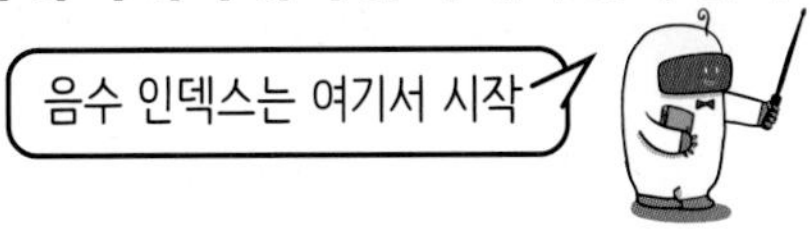

Python 3.8.5 Shell

File Edit Shell Debug Option Window Help

```
>>> print( 'Hello python' [ -5 ] )
y
>>>
```

다음 코드를 입력 후 결과를 확인 후 실행화면에 적어보세요.

Python 3.8.5 Shell

File Edit Shell Debug Option Window Help

```
>>> print( 'Hello python' [ -1 ] )
>>> print( 'Hello python' [ -2 ] )
>>> print( 'Hello python' [ -3 ] )
>>> print( 'Hello python' [ -4 ] )
>>> print( 'Hello python' [ -5 ] )
>>>
```

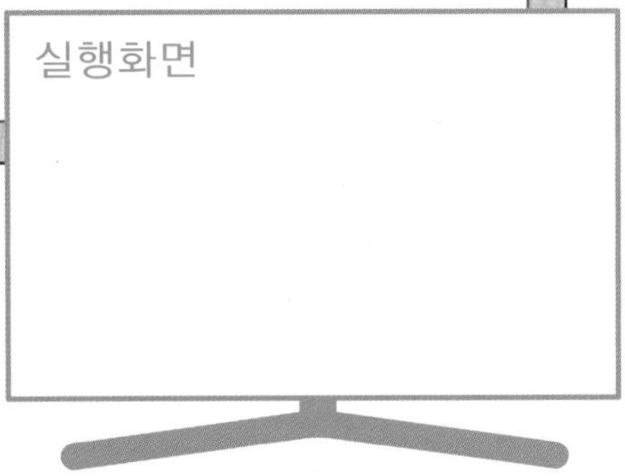

④ 문자열 자르기(슬라이싱) : [:]

'Hello Python'이라는 문자열에서 'python' 문자만 출력할 수 있을까요?

파이썬에서는 문자열의 범위를 이용하여 지정된 범위의 문자열을 자를 수 있는 슬라이싱 기능이 있습니다.

H	e	l	l	o		p	y	t	h	o	n
[0]	[1]	[2]	[3]	[4]	[5]	[6]	[7]	[8]	[9]	[10]	[11]

다음과 같이 문자열의 범위를 입력 후 출력해 보세요.

Python 3.8.5 Shell

File Edit Shell Debug Option Window Help

```
>>> print( 'Hello python' [ 6 : 8 ] )

>>> print( 'Hello python' [ 6 : 10 ] )

>>> print( 'Hello python' [ 6 : 11 ] )

>>> print( 'Hello python' [ 6 : 12 ] )

>>>
```

문자열 자르기 범위가 ______ 일 때 python을 모두 출력한 것을 확인할 수 있습니다. 범위 지정의 끝은 '마지막 숫자 -1'을 적용하기 때문에 6번째 글자부터 11번째 글자까지 출력하게 됩니다. 범위를 지정하는 규칙은 문자열 자르기 외에도 파이썬 문법 전체에 적용되는 것이니 꼭 기억해주세요!!

다음 실행화면에 다음 코드의 결과를 예측하여 적어본 후, 실행결과와 같은지 확인해보세요. .

```
Python 3.8.5 Shell
File  Edit  Shell  Debug  Option  Window  Help
>>> print( 'algorithm' [ 0 : 3 ] )
>>> print( 'algorithm' [ 4 : 6 ] )
>>> print( 'algorithm' [ 5 : 10 ] )
>>>
```

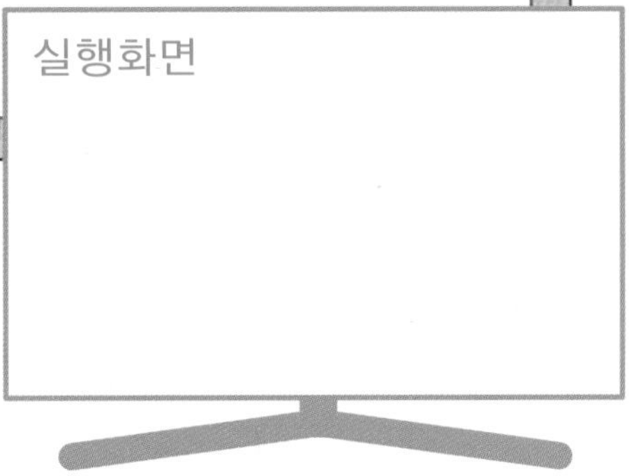

범위를 정할 때 대괄호 안의 두 개의 숫자 중 하나를 생략할 수 있습니다.

```
Python 3.8.5 Shell
File  Edit  Shell  Debug  Option  Window  Help
>>> print( 'algorithm' [ : 3 ] )

>>> print( 'algorithm' [ 5 : ] )

>>>
```

앞의 숫자를 삭제한 [: 3]은 인덱스 0부터 2까지인 'alg'를 출력하며, 뒤의 숫자를 삭제한 [5 :] 5번째 글자부터 마지막 글자까지 'ithm'을 출력하게 됩니다.

문자열 자르기에도 음수 인덱스를 적용할 수 있습니다.

H	e	l	l	o		p	y	t	h	o	n
[-12]	[-11]	[-10]	[-9]	[-8]	[-7]	[-6]	[-5]	[-4]	[-3]	[-2]	[-1]

음수 인덱스를 적용하여 'py'를 출력해 보세요.

```
Python 3.8.5 Shell
File  Edit  Shell  Debug  Option  Window  Help

>>> print( 'Hello python'            )
py
>>>
```

⑤ 문자열 길이 구하기 : len( )

문자열의 길이를 구할 때는 len('문자열') 사용합니다.

```
Python 3.8.5 Shell
File  Edit  Shell  Debug  Option  Window  Help

>>> print( len( 'algorithm' ))
9
>>>
```

3 특수문자

특수문자를 사용하기 위해서는 '\'(escape character) 사용하여 표현합니다.

특수문자	의미
\n	줄 바꿈
\t	탭
\\	역슬래시
\"	큰따옴표
\'	작은따옴표

Tip. \를 사용하려면 키보드에 ₩를 누르면 됩니다. ₩ 문자는 IDLE에서 입력하면 \ 로 나타납니다.

① 줄 바꿈(\n) 사용하기

```
Python 3.8.5 Shell
File  Edit  Shell  Debug  Option  Window  Help
>>> print('실패란 넘어지는 것이 아니라 \n 넘어진 자리에 머무는 것이다.')
실패란 넘어지는 것이 아니라
넘어진 자리에 머무는 것이다.
>>>
```

② 탭(\t) 사용하기

```
Python 3.8.5 Shell
File  Edit  Shell  Debug  Option  Window  Help
>>> print('실패란 넘어지는 것이 아니라 \t 넘어진 자리에 머무는 것이다.')
실패란 넘어지는 것이 아니라     넘어진 자리에 머무는 것이다.
>>>
```

Check.

'Hello python'에서 'Hey'를 출력해 보세요.

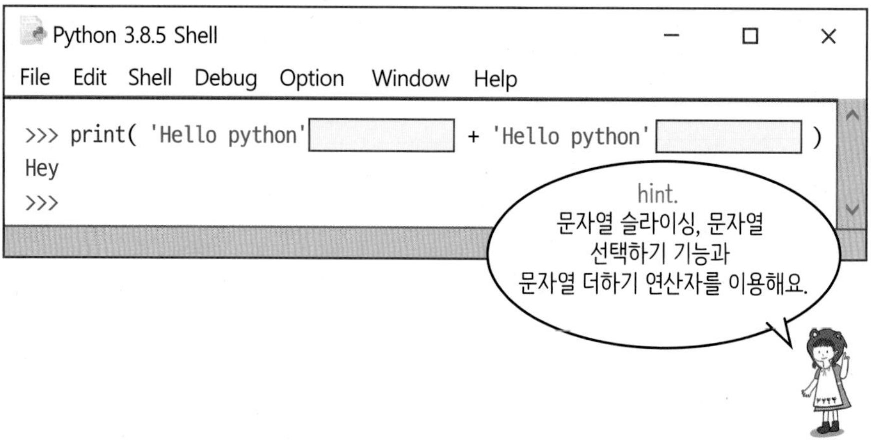

Tip. 파이썬 쉘에서 이전 코드 사용하기.

IDLE의 파이썬 쉘에서 코드를 잘못 입력해서 에러가 났을 때는 코드를 수정하기 위해 다시 입력해야 합니다. 하지만 코드를 처음부터 다시 입력하려니 좀 번거롭습니다. IDLE의 파이썬 쉘에서는 이전 코드를 다시 사용할 수 있는 기능을 제공합니다.

방향키 혹은 마우스로 커서를 에러가 발생한 코드 입력줄로 옮긴 후 엔터키를 누르면 파이썬 쉘 프롬프트에 해당 코드가 자동으로 입력되고, 입력된 코드를 수정하여 다시 실행할 수 있습니다.

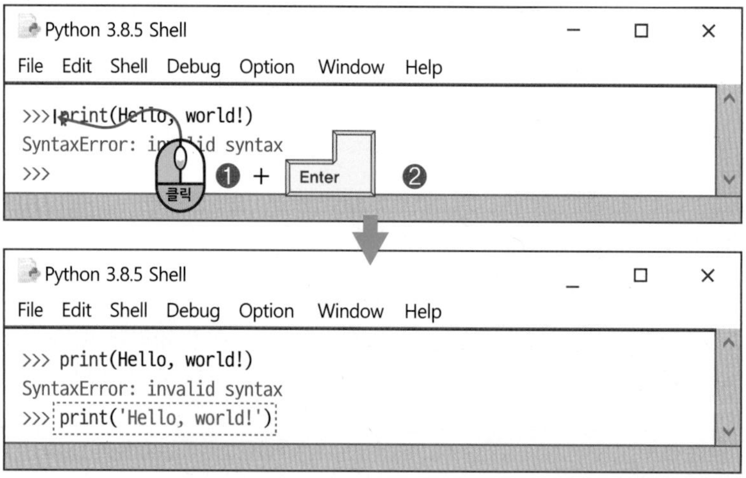

How

3. 참과 거짓을 판단하는 논리 데이터

1 데이터의 논리 확인하기

각 데이터는 True(참)인지 False(거짓)인지 판단할 수 있습니다. 숫자 0과 문자열에서 데이터가 없는 '' (NULL) , None인 경우는 False로 판단하고 그 외에는 True로 판단합니다.

자료형의 참과 거짓을 식별하는 bool()함수를 사용하여 다음 각 데이터가 True인지 False인지 확인해보세요.

Python 3.8.5 Shell

File Edit Shell Debug Option Window Help

```
>>> bool(True)
True
>>> bool(False)
False
>>> bool(1)
>>> bool(100)
>>> bool(0)
>>> bool(-1)
>>> bool(-100)
>>> bool(0.000)
>>> bool(0.0001)
>>> bool(-0.0001)
>>> bool('')
>>> bool("")
>>> bool('False')
>>> bool('True')
```

실행화면

Attention. True와 False는 파이썬의 예약어로 첫 문자를 항상 대문자로 사용해야 한다.

2 논리 나타내기

True 또는 False로 판단하는 논리 데이터는 비교연산자를 통해 만들 수 있습니다. 비교연산자는 숫자뿐 아니라 문자도 비교할 수 있습니다.

▶ 비교연산자

특수문자	의미
==	같다.
!=	같지 않다.
<	왼쪽 값이 오른쪽 값보다 작다.
>	왼쪽 값이 오른쪽 값보다 크다.
<=	왼쪽 값이 오른쪽 값보다 작거나 같다.
>=	왼쪽 값이 오른쪽 값보다 크거나 같다.

두 숫자가 같은지(==) 또는 다른지 (!=) 비교해보겠습니다.

```
Python 3.8.5 Shell
File  Edit  Shell  Debug  Option  Window  Help

>>> print( 50 == 51 )
False
>>> print( 10 != 7 )
True
>>>
```

50과 51는 같지 않으므로 False, 10과 7은 같지 않으므로 True입니다.

Plus. 비교연산자를 이용하여 문자열 비교하기

문자열은 사전 순서(abc, 가나다)로 앞에 있는 것을 작은 값으로 판단합니다. 그리고 같은 단어라도 대소문자가 다르면 다른 문자열로 판단합니다.

Python 3.8.5 Shell

File Edit Shell Debug Option Window Help

```
>>> print( 'Python' == 'python' )
False
>>> print( 'python' == 'python' )
True
>>> print( 'scratch' > 'python' )
True
>>> print( '안녕' < '파이썬' )
True
>>>
```

3 논리 다루기

비교연산자를 이용하여 컴퓨터가 판단할 수 있는 논리 데이터를 만들었다면, 이 데이터와 논리연산자를 이용하여 컴퓨터가 논리적으로 True, False를 판단할 수 있는 조건을 만들 수 있습니다.

▶ 논리연산자

특수문자	의미	예	설명
and	그리고	x and y	x와 y가 모두 참이면 True, 아니면 False
or	또는	x or y	x, y 둘 중 하나만 참이면 True, 둘 다 거짓일 때 False
not	아니다	not x	x가 참이면 거짓 False, x가 거짓이면 True

논리연산자에는 논리곱을 의미하는 and, 논리합을 의미하는 or, 논리 부정을 의미하는 not이 있습니다. 각 연산자에 대해서 자세히 알아볼까요?

① and(그리고) 연산자

and 연산자는 두 조건을 모두 만족하는 상황을 판단해야 할 때 사용을 합니다. 다음 문제를 풀어보면서 and 연산자에 대해서 알아보겠습니다.

다음은 재희생일에 초대받은 재연이가 준비한 선물 상자에 대한 설명입니다. 〈보기〉의 대화를 보고 재연이가 준비한 선물 상자를 골라보세요.

보 기

재희 : 재연아 네가 준비한 선물 상자가 무엇이지 궁금해!!

재연 : 내가 준비한 선물은 빨간색 리본 그리고 분홍색 상자로 되어 있어.

재연이가 준비한 선물의 상자를 골랐나요? 재연이가 말한 조건을 생각해볼게요.

'빨간색 리본 그리고 분홍색 상자'라는 조건은 and 연산자를 사용하고 있으므로 빨간색 리본이면서 분홍색 상자라는 두 조건을 모두 만족하는 ❹번 선물 상자가 재연이가 준비한 선물 상자가 됩니다.

- and 연산하기

  빨간색 리본과 분홍색 상자라는 두 조건을 만족한 상자가 재연이 선물 상자인 것처럼 and 연산자는 양쪽의 값이 모두 True일 때, True가 됩니다.

왼쪽 값(x)	연산자	오른쪽 값(y)	결과
True	and	True	x, y가 모두 True이므로 True
True	and	False	x는 True, y는 False이므로 False
False	and	True	x는 False, y는 True이므로 False
False	and	False	x, y가 모두 False이므로 False

and 연산자를 사용해보겠습니다.

```
Python 3.8.5 Shell
File Edit Shell Debug Option Window Help

>>> print( 1 < 10 and 10 == 10 )
True
>>> print( 10 != 7 and 7 > 10 )
False
>>>
```

(1 〈 10 and 10 == 10) 은 왼쪽, 오른쪽 연산이 모두 True 이므로 결괏값은 True입니다. (10 != 7 and 7 〉 10)은 왼쪽 연산자는 True이지만, 오른쪽 연산자가 False 이므로 결괏값은 False 입니다.

② or(또는) 연산자

or 연산자는 두 조건 중 하나만 만족해도 되는 상황을 판단할 때 사용합니다. 다음 문제를 풀어보면서 or 연산자에 대해서 알아보겠습니다.

다음 조건을 만족하는 그림은 무엇일까요?

조 건
모자를 쓰고 있는 강아지 또는 눈을 모두 감고 있는 강아지를 고르시오.

조건에 맞는 그림을 함께 골라볼까요? '모자를 쓰고 있는 강아지 또는 눈을 모두 감고 있는 강아지'라는 조건에서 or 연산자를 사용하고 있으므로 두 조건 중 하나만 만족해도 골라야 합니다.

모자를 쓰고 있는 강아지 – ②,③,⑥,⑧
눈을 모두 감고 있는 강아지는 – ①
조건에 만족하는 그림은 ①,②,③,⑥,⑧이 됩니다.
위와 같이 or 연산자는 양쪽의 조건 중 하나의 조건을 만족해도 True가 됩니다.

- or 연산하기

왼쪽 값(x)	연산자	오른쪽 값(y)	결과
True	or	True	x, y가 모두 True이므로 True
True	or	False	x는 True, y는 False이므로 True
False	or	True	x는 False, y는 True이므로 True
False	or	False	x, y가 모두 False이므로 False

or 연산자 사용하여 출력값을 확인해보겠습니다.

```
Python 3.8.5 Shell
File Edit Shell Debug Option Window Help
>>> print( 2 < 5 or 7 < 10 )
True
>>> print( 5 != 7 or 2 >= 10 )
True
>>>
```

③ not(아니다) 연산자

not 연산자는 조건을 반대로 뒤집어서 판단해야 할 때 사용합니다. 예를 들어 'not 빨간 사과'라고 한다면, 빨간 사과가 아닌 것이 True가 됩니다.

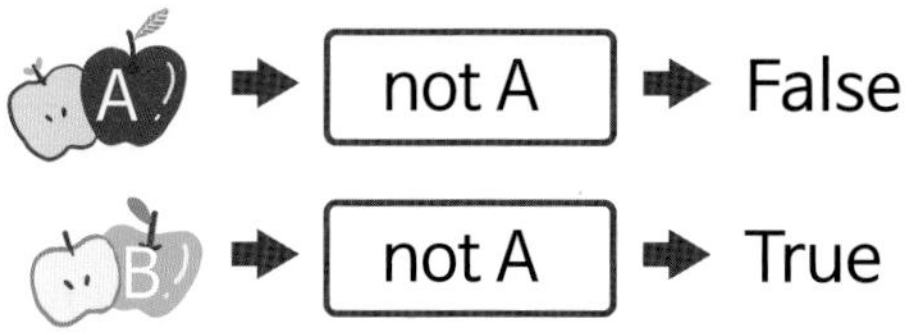

not 연산자를 코드로 실행하게 되면 다음과 같은 결과를 출력합니다.

```
Python 3.8.5 Shell
File  Edit  Shell  Debug  Option  Window  Help

>>> print( not 2 < 5 )
False
>>> print( not 2 > 5 )
True
>>>
```

• not 연산하기

연산자	값(x)	결과
not	True	x값이 True이므로 False
not	False	x값이 False이므로 True

논리연산자도 산술연산자와 같이 연산의 우선순위가 있습니다.

not 연산자 〉 and 연산자 〉 or 연산자 순으로 우선순위가 높으며, 비교연산자와 함께 사용하는 경우 비교연산자 먼저 연산을 합니다.

Attention. 산술연산자, 비교연산자, 논리연산자가 모두 사용되는 경우에는 산술연산자 > 비교연산자 > 논리연산자 순으로 먼저 연산을 해야 합니다

PART 02

2 데이터 처리하기

What

입력과 출력과정

친구와 문자를 보내고 받기, SNS 게시판에 글을 쓰고 올리기, 배달 앱을 통해 음식을 주문하고 주문한 음식 받기 등과 같이 우리는 일상생활 속에서 다양한 형태로 입력하고, 그 입력된 값으로 출력하는 시스템들을 경험할 수 있습니다.

입력과 출력과정을 나누어 볼까요?

입력	출력
문자 작성 후 보내기 버튼 누르기	휴대폰에 문자 보이기
SNS에 글을 쓰고 확인 버튼 누르기	게시판에 작성된 글 보이기
메뉴 주문하기	주문 완료 메시지 보이기

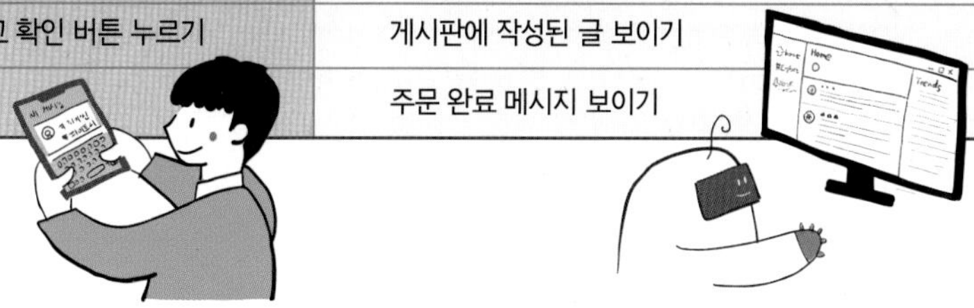

파이썬에서는 사용자에게 값을 입력받을 때 input(입력) 함수를, 처리된 결괏값 또는 코드가 처리되는 과정을 화면에 출력할 때 print(출력) 함수를 이용합니다.

How

1. 표준입력 : input

input( ) 함수는 값을 입력받는 함수입니다.

'당신의 별명을 입력하세요!' 라는 문장이 화면에 출력되면서 입력을 받기 위해 기다립니다. 그리고 대답을 입력하면 입력받은 값이 출력됩니다.

```
Python 3.8.5 Shell
File  Edit  Shell  Debug  Option  Window  Help

>>> input (' 당신의 별명을 입력하세요! : ' )
당신의 별명을 입력하세요! :
```

↓

```
Python 3.8.5 Shell
File  Edit  Shell  Debug  Option  Window  Help

>>> input (' 당신의 별명을 입력하세요! : ' )
당신의 별명을 입력하세요! : 파이
'파이'
>>>
```

How

2. 표준출력 : print

print( ) 함수는 괄호 안의 내용을 출력합니다.

Python 3.8.5 Shell

File Edit Shell Debug Option Window Help

```
>>> print ( 1234 )
1234
>>> print ( '안녕하세요?' )
안녕하세요?
>>>
```

1 여러 개의 값을 출력하기 : print(출력1, 출력2, ...)

여러 개의 값을 출력할 때는 출력내용을 ',(쉼표)'로 연결하여 작성합니다.

Python 3.8.5 Shell

File Edit Shell Debug Option Window Help

```
>>> print ( '사과', '바나나', '딸기' )
사과 바나나 딸기
>>> print ( '사과', 5, '바나나', 10)
사과 5 바나나 10
>>>
```

2 print( ) 함수 옵션 알아보기

① sep (separation) : print(출력내용, sep = '문자열')

출력할 문자 사이에 구분자가 삽입되고, 마지막 문자 뒤에는 구분자가 표시되지 않습니다. sep를 사용하지 않으면, ' '(공백)으로 구분합니다.

```
Python 3.8.5 Shell
File  Edit  Shell  Debug  Option  Window  Help

>>> print ( '사과', '바나나', '딸기', sep ='!' )
사과!바나나!딸기
>>>
```

② end : print(출력내용, end = ' ')

end 옵션을 사용 시 다음에 이어지는 출력값과 이어져 출력됩니다. end를 명시하지 않으면 '\n'(줄 바꿈)으로 새로운 줄로 바뀝니다.

```
Python 3.8.5 Shell
File  Edit  Shell  Debug  Option  Window  Help

>>> print ( 'I Love', end = ' ' ); print ( 'Python.')
I Love Python.
>>>
```

end = '문자열'을 입력하면 출력내용 마지막에 end에 입력한 문자열이 출력됩니다.

```
Python 3.8.5 Shell
File  Edit  Shell  Debug  Option  Window  Help

>>> print ( 'I Love', 'Python', end = ' & pie. ' )
I Love Python & pie.
>>>
```

3 서식 지정해 출력하기 : format() 함수

① 순서를 지정하지 않고, format 함수 사용하기 : {}중괄호 안에 숫자를 지정하지 않으면, format 안에 들어있는 값들이 처음부터 차례대로 출력합니다.

```
Python 3.8.5 Shell
File  Edit  Shell  Debug  Option  Window  Help

>>> print ('{} {} {}'.format('안녕', '친구', '반가워') )
안녕 친구 반가워
>>>
```

② 순서를 지정하고, format 함수 사용하기 : {}중괄호 안에 출력할 값의 위치를 지정해주면, format()안에 입력된 값을 출력합니다.

```
Python 3.8.5 Shell
File  Edit  Shell  Debug  Option  Window  Help

>>> print ('{2} {0} {1}'.format('안녕', '친구', '반가워') )
반가워 안녕 친구
>>>
```

PART 02

3 데이터 저장하기

What

변수(Variable)란?

변수는 '데이터를 저장할 수 있는 이름을 가진 공간'으로, 음식을 담는 그릇이나 물건을 담는 상자처럼 데이터를 담을 수 있습니다. 예를 들어, 맛있게 만든 샌드위치를 접시에 담았다면 샌드위치를 담은 접시가 변수, 그리고 접시에 담겨 있는 샌드위치는 데이터, 접시의 이름인 'A'는 변수 이름이 됩니다.

1 변수에 저장된 데이터는 변경할 수 있다.

'6'을 저장하고 있는 A라는 변수에 '1'를 저장하게 되면, '6'과 '1'이 같은 공간에 저장되는 것이 아니라 '6'은 지워지고 '1'이 바뀌어 저장됩니다.

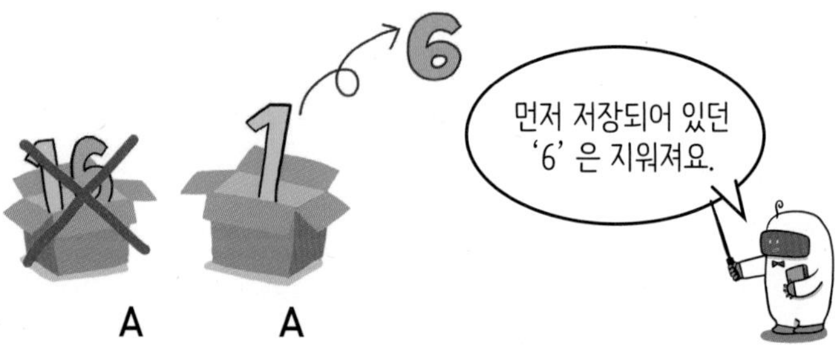

2 하나의 변수에는 하나의 데이터만 저장된다.

변수에는 하나의 데이터만 저장되기 때문에 여러 개의 데이터를 저장하려면 저장하려는 데이터의 수 만큼 변수를 만들어, 하나씩 저장해야 합니다.

3 파이썬의 변수는 이름 공간(name space)으로 관리된다.

A = 2라는 명령을 실행하면 '2'라는 값이 'A'라는 변수에 들어가는데, 파이썬은 'A'라는 이름을 가진 공간과 '2'이라는 데이터가 저장된 공간 두 개로 구성된 이름 공간 형태로 관리를 합니다.

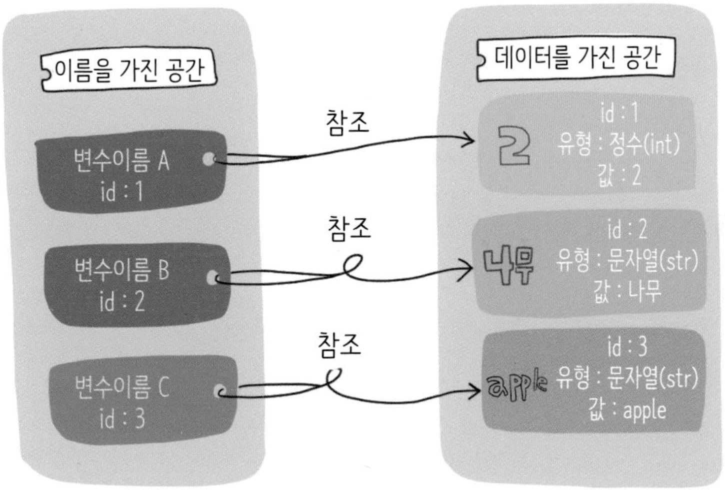

이름공간(Name Space)

'2'이라는 데이터를 가진 공간에는 주소(id), 유형(Data Type), 값(Value)을 가지고 있고, 'A'라는 이름을 가진 공간에는 '2'이라는 데이터의 id를 저장하고 있습니다. 그래서 'A' 변수를 출력하면 'A'에 저장된 id를 참조하여 그 id의 값을 출력하는 것입니다.

파이썬에 사용되는 모든 데이터는 변수에 저장될 수 있고, 저장된 데이터는 위와 같이 id와 유형, 값을 포함한 객체로 관리됩니다.

How

1. 변수 만들기

변수 이름 = 데이터

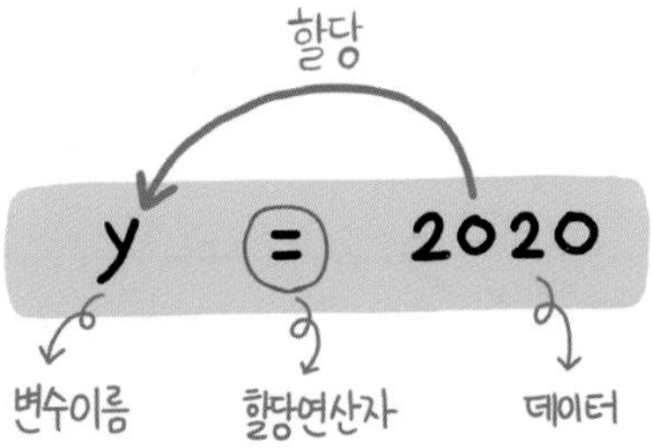

Python 3.8.5 Shell

File Edit Shell Debug Option Window Help

```
>>> y = 2020           # y 변수에 2020의 값이 할당
>>> m = 5              # m 변수에 5의 값을 할당
```

▶ 변수 이름 만들기 규칙

① 영문자와 숫자, 한글 및 밑줄(_)을 사용할 수 있습니다.

② 숫자로 시작할 수 없습니다.

③ 특수문자는 사용할 수 없습니다.

④ 영문 대소문자를 구분합니다. (A, a는 다른 변수입니다.)

⑤ 파이썬의 예약어는 사용할 수 없습니다. (if, while, True, False 등)

Plus. 파이썬 예약어 알아보기

False	await	else	import	pass	None	break
except	in	raise	True	class	finally	is
return	and	continue	for	lambda	try	as
def	from	nonlocal	while	assert	del	global
not	with	async	if	elif	or	yield

How

2. 변수 사용하기

1 숫자 데이터 저장하기

변수에는 숫자를 저장할 수 있습니다. 그리고 변수에 저장된 데이터를 print() 함수를 이용해서 출력할 수 있습니다.

```
Python 3.8.5 Shell
File  Edit  Shell  Debug  Option  Window  Help

>>> a = 10
>>> print( a )
10
>>>
```

다음과 같이 코드를 작성하면 어떤 값이 출력될까요? 코드를 입력하기 전에 출력값을 생각해서 적어보세요.

```
Python 3.8.5 Shell
File  Edit  Shell  Debug  Option  Window  Help

>>> a = 10
>>> a = 20
>>> print( a )
[          ]
```

변수 a에 10이 저장되고, 다시 20이 저장되었기 때문에, 10 대신에 20이 저장되어, 출력되는 값은 [   ] 이 됩니다.

다음처럼 변수에 저장된 데이터를 이용하여 연산을 할 수 있습니다.

Python 3.8.5 Shell

File Edit Shell Debug Option Window Help

```
>>> a = 10
>>> b = 20
>>> print( a * b )
200
>>> print( a < b)
True
>>> print( a < b and a+b == 10 )
False
>>>
```

숫자 데이터가 저장된 변수는 숫자와 관련된 연산자를 사용하여 연산할 수 있습니다.

Tip. 변수를 선언할 때 ' ; (세미콜론) '을 사용하면 변수를 선언하는 문장 여러 개를 한 줄에 작성할 수 있습니다. 예) a = 1 ; b = 3 ; c = 5

2 문자열 데이터 저장하기

변수에는 문자열을 저장할 수 있습니다.

Python 3.8.5 Shell

File Edit Shell Debug Option Window Help

```
>>> 이름 = 'Python'
>>> 별명 = 'Pie'
>>> print( 이름, 별명 )
Python Pie
>>>
```

Puls. 파이썬 3.0 이후에서는 한글 처리가 가능한 유니코드를 사용해서 변수 이름에 한글을 사용할 수 있습니다.

문자열이 저장된 변수도 문자열에서 사용하는 연산자를 사용할 수 있습니다.

```
Python 3.8.5 Shell
File  Edit  Shell  Debug  Option  Window  Help

>>> n = '파이썬'
>>> p = '화이팅'
>>> print( n + p )
파이썬화이팅
>>> print( n * 3 )

```

숫자와 문자열을 연산할 수 없는 것처럼 숫자가 저장된 변수와 문자열이 저장된 변수를 연산하게 되면 아래와 같이 에러가 발생하게 됩니다.

```
Python 3.8.5 Shell
File  Edit  Shell  Debug  Option  Window  Help

>>> n = 100
>>> a = '파이썬'
>>> print( n + p )
Traceback (most recent call last):
  File "<stdin>", line 1, in <module>
TypeError: unsupported operand type(s) for +: 'int' and 'str'
>>>
```

두 변수를 에러 없이 연산하려면 n 변수의 100을 ' '를 이용하여 문자열 데이터로 저장하면 됩니다.

```
Python 3.8.5 Shell
File  Edit  Shell  Debug  Option  Window  Help

>>> n = '100'
>>> a = '파이썬'
>>> print( n + p )
100파이썬
>>>
```

무엇이 출력될까요?

```
Python 3.8.5 Shell
File  Edit  Shell  Debug  Option  Window  Help

>>> a = 8
>>> b = 9
>>> print( a + b )
[          ]
>>> a = '8'
>>> b = '9'
>>> print( a + b )
[          ]
```

3 변수의 데이터 타입 확인하기

파이썬에서 어떤 값에 대한 데이터 타입을 확인하려면 type( )함수를 사용하면 됩니다.

```
Python 3.8.5 Shell
File  Edit  Shell  Debug  Option  Window  Help

>>> a = 8282
>>> type(a)
<class 'int'>
>>> b = 'python'
>>> type(b)
<class 'str'>
>>> c = '8282'
>>> type(b)
<class 'str'>
>>> d = 8.2
>>> type(d)
<class 'float'>
>>>
```

▶ 데이터 타입

type ( )	데이터 타입
<class 'int'>	정수
<class 'float'>	실수
<class 'str'>	문자열
<class 'bool'>	논리

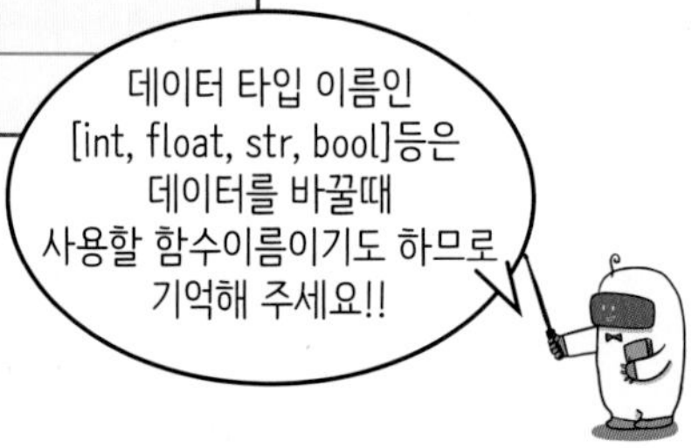

4 input( ) 함수를 이용하여 변수 데이터 입력받기

input( )함수를 이용하면 변수에 저장할 데이터를 입력받아 저장할 수 있습니다. 문자열과 숫자 데이터를 입력받아 변수에 저장해보겠습니다.

① 문자열 데이터 입력받기

input( )함수는 문자열 데이터를 기본형으로 입력받기 때문에 문자열 데이터로 변환 없이 사용할 수 있습니다. 다음 예제를 실행해보겠습니다.

```
Python 3.8.5 Shell
File  Edit  Shell  Debug  Option  Window  Help

>>> name = input ('당신의 이름은?')
당신의 이름은? 파이썬
>>> nick= input ('당신의 별명은?')
당신의 별명은? pie
>>> input ( name, '의 별명은', nick, '입니다.')
파이썬의 별명은 pie입니다.
>>>
```

② 숫자 데이터 입력받기

input( )함수를 이용하여 숫자 데이터를 입력받을 때는 입력 받는 데이터를 숫자로 변환해서 사용해야 합니다.

```
변수 = int ( input ('첫 번째 숫자를 입력하세요:' ))
 c      b                   a
```

a. input( )을 통해 안내메시지를 출력하고 사용자가 입력한 숫자를 문자열 데이터로 받는다.

b. input( )에 입력된 문자열 데이터를 int( ) 형 변환 함수를 이용하여 정수 데이터로 변환한다.

c. 정수 데이터로 변환된 데이터를 변수에 할당한다.

다음 예제를 통해 문자열 데이터를 정수로 변환해보겠습니다.

```
Python 3.8.5 Shell
File  Edit  Shell  Debug  Option  Window  Help

>>> num1 = int( input ('첫 번째 숫자를 입력하세요: ') )
첫 번째 숫자를 입력하세요: 15
>>> num2 = int( input ('두 번째 숫자를 입력하세요: ') )
두 번째 숫자를 입력하세요: 20
>>> print ( num2 - num1)
5
>>>
```

Plus. 숫자데이터를 입력 받을 때는 다음과 같은 형 변환 함수를 사용합니다.

- int( ) : 주어진 데이터를 정수 데이터로 변환합니다.
- float( ) : 주어진 데이터를 실수 데이터로 변환합니다.
- str( ) : 주어진 데이터를 문자열 데이터로 변환합니다.

데이터타입	변환 전	변환 후

정수	>>> a = '1234'
	>>> type (a)
	< class 'str' >
		>>> a = int ('1234')
		>>> type (a)
		< class 'int' >

실수	>>> b = '12.34'
	>>> type (b)
	< class 'str' >
		>>> b = float ('12.34')
		>>> type (b)
		< class 'float' >

문자열	>>> c = 1234
	>>> type (c)
	< class 'int' >
		>>> c = str (1234)
		>>> type (c)
		< class 'str' >

Understanding Concept

다음 주어진 조건에 맞게 프로그래밍해보세요.

(Unterstanging Concept 부터는 IDLE의 에디터에서 코드를 작성할게요!! 에디터 사용방법은 p26참조하세요.)

1. 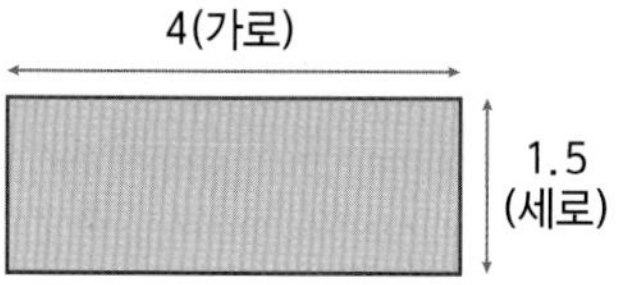

변수를 이용하여 이 도형의 넓이를 구합니다.

2. 1에 주어진 사각형을 3조각으로 동일하게 나누었다면 1조각의 넓이는 얼마일까요?

조 건

① 변수 이름은 width(가로), height(세로), area(넓이)를 이용합니다.

② 직사각형 넓이 구하는 공식 : 가로 * 세로.

프로그램 코드

File Edit Format Run Options Window Help

```
width = 4
height = 1.5
area = width * height
print(area)
print(area/3)
```

실행결과

File Edit Shell Debug Option Window Help

```
6.0
2.0
```

Finding Error

미터(m)를 입력받아 센티미터(cm)로 변환하는 길이 환산 계산기를 작성하려고 합니다.

다음과 같이 코드를 작성하였더니 길이가 환산되지 않고 아래와 같은 예상하지 않은 결과가 나왔습니다.

길이 환산 계산기 기능이 실행될 수 있도록 잘못된 부분을 찾아 코드를 수정해 보세요. (길이 환산 : 1m = 100cm)

프로그램 코드

File Edit Format Run Options Window Help

```
length_m = input( '길이를 입력하세요(단위 : m) : ')
length_cm = length_m * 100

print(length_m, 'm = ', length_cm, 'cm')
```

실행결과

File Edit Shell Debug Option Window Help

```
길이를 입력하세요(단위 : m) : 3
3m=333333333333333333333333333333333333333333333333333333333333333333
3333333333333333333333333333333333 cm
```

Explanation

input 함수로 입력받은 값은 문자열(String)로 처리되기 때문에 3을 문자로 인식하여 100번 출력하였습니다. 숫자로 사용하려면 형 변환 함수 int를 사용하여야 합니다.

```
length_m = int(input(' 길이를 입력하세요(단위: m) : ')
```

Checking Point

01. 데이터 타입과 설명이 맞는 것을 연결해 보세요.

데이터 타입	설 명
논리 ▪	▪ 숫자 형태의 정수, 실수 등의 데이터 타입
숫자 ▪	▪ 참 또는 거짓을 나타내는 데이터 타입

02. 변수는 생성시 데이터 타입이 결정되므로 변수에는 동일한 타입의 데이터만 저장할 수 있다.
(O, X)

03. 다음 중 변수 이름으로 작성할 수 없는 것을 모두 고르시오.

umn	_count	book1	number_of_pictures
myNewCar	2book	picture#	날짜

04. 분을 입력받아 며칠 몇 시간 몇 분인지 계산하는 프로그램을 작성하세요.

실행결과

File Edit Shell Debug Option Window Help

```
분을 입력하세요 : 2955
2일 1시간 15분
```

05. 친구들에게 연필을 나누어 주려고 합니다. 친구들 인원수와 한 명 당 나눠주는 연필의 개수를 입력받아 필요한 연필 개수를 계산하는 프로그램을 작성하세요. 단, 연필을 살 때는 연필 12개 묶음인 다스와 낱개로 살 수 있습니다.

실행결과

File Edit Shell Debug Option Window Help

```
연필을 나누어줄 친구 명수 : 10
한 명당 나누어줄 연필 개수 : 4
필요한 연필 개수 : 40
필요한 연필 : 3 다스 + 낱개 4 개
```

Jump up

1. 환전 프로그램

여행을 가기 위해 미국(달러), 영국(파운드), 일본(엔) 화폐로 환전을 하려고 합니다. 환전할 금액을 나라별로 입력받아 총 얼마의 원화가 필요한지 계산해주는 환전프로그램을 작성하세요..

통화	환율(원)
1 달러	1200.71
1 파운드	1519.9
1 엔	11.1949

❖ 입력 : 100달러, 15파운드, 500엔 등 변환할 금액

⋯› 출력 : 원으로 변환한 금액 출력

Tips. 입력받을 값의 데이터 타입을 정수로 입력받으려면 'int', 실수로 입력받으려면 'float'로 데이터 타입을 설정해주어야 합니다.

실행결과

File Edit Shell Debug Option Window Help

```
달러를 입력하세요 : 100
파운드를 입력하세요 : 15
엔을 입력하세요 : 500
148466.95 원
```

생각해 보기

달러를 저장할 변수 :

파운드를 저장할 변수 :

엔을 저장할 변수 :

프로그램 코드

02_JUMP_01_환전프로그램

File Edit Format Run Options Window Help

```
d = float(input('달러를 입력하세요 : '))
p = float(input('파운드를 입력하세요 : '))
a = float(input('엔을 입력하세요 : '))

won = d * 1200.71 + p * 1519.9 + a * 11.1949

print('환전에 필요한 금액은', won, '원 입니다.')
```

Jump up

2. 섭씨와 화씨온도

정상 체온 36.5℃라고 할 때 사용하는 온도는 섭씨온도입니다. 온도의 단위에는 우리가 자주 사용하는 섭씨온도 이외에도 미국이나 유럽에서 사용하는 화씨온도도 있습니다.

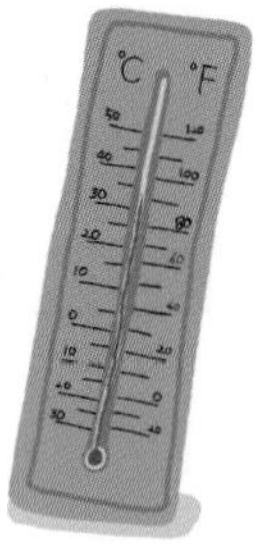

섭씨온도와 화씨온도에 대해 알아보고 파이썬으로 변환하는 프로그램을 작성해 봅시다.

- 섭씨온도 : 1기압 조긴에시 물이 얼음으로 변하는 온도를 0도(℃), 물이 끓는 온도를 100도(℃)로 정하고 그사이를 100등분 하여 정한 온도

- 화씨온도 : 1기압 조건에서 물이 얼음으로 변하는 온도를 32도(℉), 물이 끓는 온도를 212도(℉),로 정하고 그사이를 180등분 하여 정한 온도

섭씨온도와 화씨온도를 각각 변환하는 공식을 생각해봅시다.

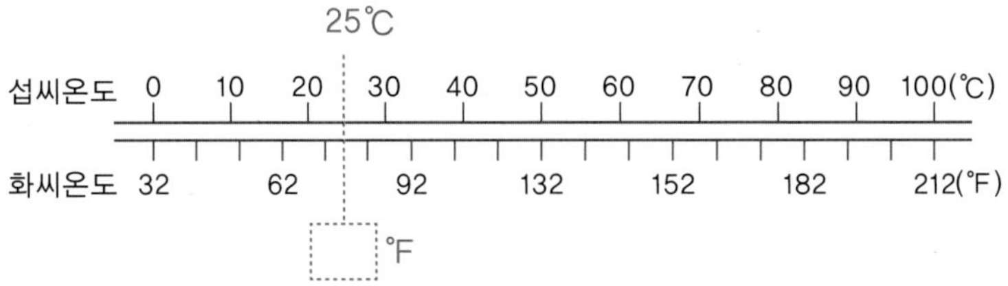

화씨온도(°F) = 32 + (섭씨온도 / 100 × 180)
섭씨온도(℃) = (화씨온도 − 32) / 180 × 100

그럼, 섭씨온도를 입력받아 화씨온도로 변환하는 프로그램을 작성해 보세요.

❖ **입력 : 섭씨온도**

⋯› **출력 : 화씨온도**

실행결과

File Edit Shell Debug Option Window Help

```
섭씨온도를 입력하세요 : 25
섭씨온도 : 25.0 => 화씨온도 : 77.0
```

생각해 보기

섭씨온도를 저장할 변수 :

화씨온도를 저장할 변수 :

화씨변환식 :

프로그램 코드

02_JUMP_02_1_화씨온도구하기.py

File Edit Format Run Options Window Help

```
c_temp = float(input('섭씨온도를 입력하세요 : ') )
f_temp = 32 + ( c_temp/100 * 180 )
print('섭씨온도 :', c_temp, '=> 화씨온도 :', f_temp)
```

반대로, 화씨온도를 입력받아 섭씨온도로 변환하는 프로그램도 작성해 볼까요?

프로그램 코드

02_JUMP_02_2_섭씨온도구하기.py

File Edit Format Run Options Window Help

```
f_temp = float( input('화씨온도를 입력하세요 : ') )
c_temp = ( f_temp - 32 ) / 180 * 100
print('화씨온도 :', f_temp, '=> 섭씨온도 :', c_temp)
```

Jump up

3. 문자 코드값 구하기

데이터 타입의 여러 가지 종류에 대해 배워보았습니다. 그럼, 이런 문자가 실제 컴퓨터에는 어떻게 저장되는지 알아봅시다.

미국 표준 협회(ASA)가 주도한 X3 위원회에서 영문자, 숫자 및 특수문자를 표현하는 128개의 코드를 표준으로 정한 아스키코드(ASCII, American Standard Code Information Interchange code)가 컴퓨터의 보급으로 널리 사용되게 되었습니다.

문자	코드	문자	코드	문자	코드	문자	코드
A	65	N	78	a	97	n	110
B	66	O	79	b	98	o	111
C	67	P	80	c	99	p	112
D	68	Q	81	d	100	q	113
E	69	R	82	e	101	r	114
F	70	S	83	f	102	s	115
G	71	T	84	g	103	t	116
H	72	U	85	h	104	u	117
I	73	V	86	i	105	v	118
J	74	W	87	j	106	w	119
K	75	X	88	k	107	x	120
L	76	Y	89	l	108	y	121
M	77	Z	90	m	109	z	122

[아스키 코드표]

아스키코드를 바탕으로 나라별 언어를 표현하기 위해 16자리 이진수의 확장된 언어 코드인 유니코드(Unicode)를 현재 많이 사용하고 있습니다. 파이썬에서도 문자가 유니코드로 저장됩니다. 코드를 입력받아 문자 값을 확인하는 프로그램을 작성해 보세요.

❖ 입력 : 코드값을 알고 싶은 영문자 또는 숫자

⋯› 출력 : 문자의 코드 값

Tip. 파이썬에서 문자의 코드 값, 코드값의 문자 변환은 내장함수를 사용하세요.

함수	설명	사용 예
ord(c)	문자의 코드 값을 반환	>>> ord('A') 65
chr(i)	정수 i 의 문자 반환	>>> chr(122) 'z'

생각해 보기

문자를 저장할 변수　: [　　　　　　], 사용함수 : [　　　　　　]

코드값을 저장할 변수 : [　　　　　　], 사용함수 : [　　　　　　]

프로그램 코드

02_JUMP_03_1_문자코드값.py

File Edit Format Run Options Window Help

```
char = input('문자를 입력하세요 : ')
code = ord(char)
print('문자 :', char, '=> 코드 값 :', code)
```

반대로, 코드값을 입력받아 문자를 보여주는 프로그램도 작성해 볼까요?

프로그램 코드

02_JUMP_03_2_코드값문자.py

File Edit Format Run Options Window Help

```
code = int ( input('코드 값을 입력하세요 : ') )
char = chr(code)
print( '코드 값 :', code, '=> 문자 :', char )
```

Jump up

4. 두 점 사이의 거리 구하기

수학에서 배운 피타고라스 정리에서 두 점 사이의 거리를 구하는 공식을 적용하여 거리를 구하는 파이썬 프로그램을 작성해 보세요.

$$d = \sqrt{(x_1 - x_2)^2 + (y_1 - y_2)^2}$$

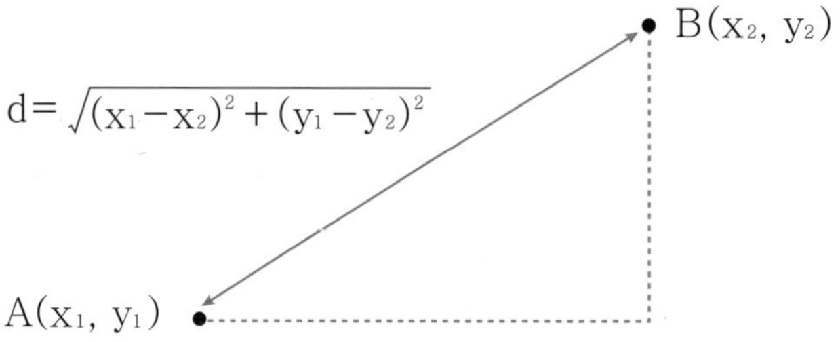

거리를 구하는 수식을 파이썬 코드로 적어봅시다.

거리를 구하는 수식 d　:

Tip) 제곱 연산자 (' ** ') 를 활용하여 수식을 파이썬으로 표현해 봐요.

수식	파이썬 표현
A^2	A ** 2
$\sqrt{A}$	A ** 0.5 $\sqrt{A}$ 는 $A^{1/2}$ 이므로 $A^{0.5}$ 와 같다

❖ 입력 : 두 점의 각각의 x, y좌표

⋯› 출력 : 두 점 사이의 거리

실행결과

File Edit Shell Debug Option Window Help

```
점 A 의 x 좌표 : 0
점 A 의 y 좌표 : 400
점 B 의 x 좌표 : 300
점 B 의 y 좌표 : 0
점A(0, 400)와 점B(300, 0)의 거리 : 500.0
```

생각해 보기

점A의 좌푯값을 저장할 변수이름 : ________ , ________

점B의 좌푯값을 저장할 변수이름 : ________ , ________

프로그램 코드

02_JUMP_04_두점사이거리.py

File Edit Format Run Options Window Help

```python
x1 = int ( input('점 A 의 x 좌표 : ') )
y1 = int ( input('점 A 의 y 좌표 : ') )

x2 = int ( input('점 B 의 x 좌표 : ') )
y2 = int ( input('점 B 의 y 좌표 : ') )

d = ( (x1-x2)**2 + (y1-y2)**2 )**0.5

print('점A({}, {})와 점B({}, {})의 거리 : {}'
      .format(x1, y1, x2, y2, d))
```

Jump up

5. 가족 나이 알아맞히기

수현의 나이는 9살이고, 수현 할머니의 연세는 수현 나이의 8배보다 5살 적습니다. 수현 아버지의 연세는 할머니의 연세보다 25살 적습니다. 나이를 알고 싶은 연수를 입력받아 수현의 아버지와 할머니 연세를 구하는 프로그램을 작성하세요.

❖ **입력 : 미래의 나이를 알고 싶은 연수**

···› **출력 : 현재 수현, 아버지, 할머니 나이와 입력받은 연수 뒤 수현, 아버지, 할머니 나이**

실행결과

File Edit Shell Debug Option Window Help

```
몇 년 뒤 나이를 구하고 싶나요? : 10
현재 나이 - 수현 : 9, 할머니 : 67, 아버지 : 42
10년뒤 나이 - 수현 : 19, 할머니 : 77, 아버지 : 52
```

생각해 보기

수현의 나이 변수 : [ ]

할머니의 나이 변수 : [ ]

아버지 나이 변수 : [ ]

연수 변수 : [ ]

프로그램 코드

02_JUMP_05_가족나이.py

File Edit Format Run Options Window Help

```
suhyun = 9
grandma = suhyun * 8 - 5
father = grandma - 25

year = int (input('몇 년뒤 나이를 구하고 싶나요? : '))

print( '현재 나이 - 수현 : {}, 할머니 : {}, 아버지 : {}'
      .format(suhyun, grandma, father) )

print( '{}년뒤 나이 - 수현 : {}, 할머니 : {}, 아버지 : {}'
      .format(year, suhyun+year, grandma+year, father+year) )
```

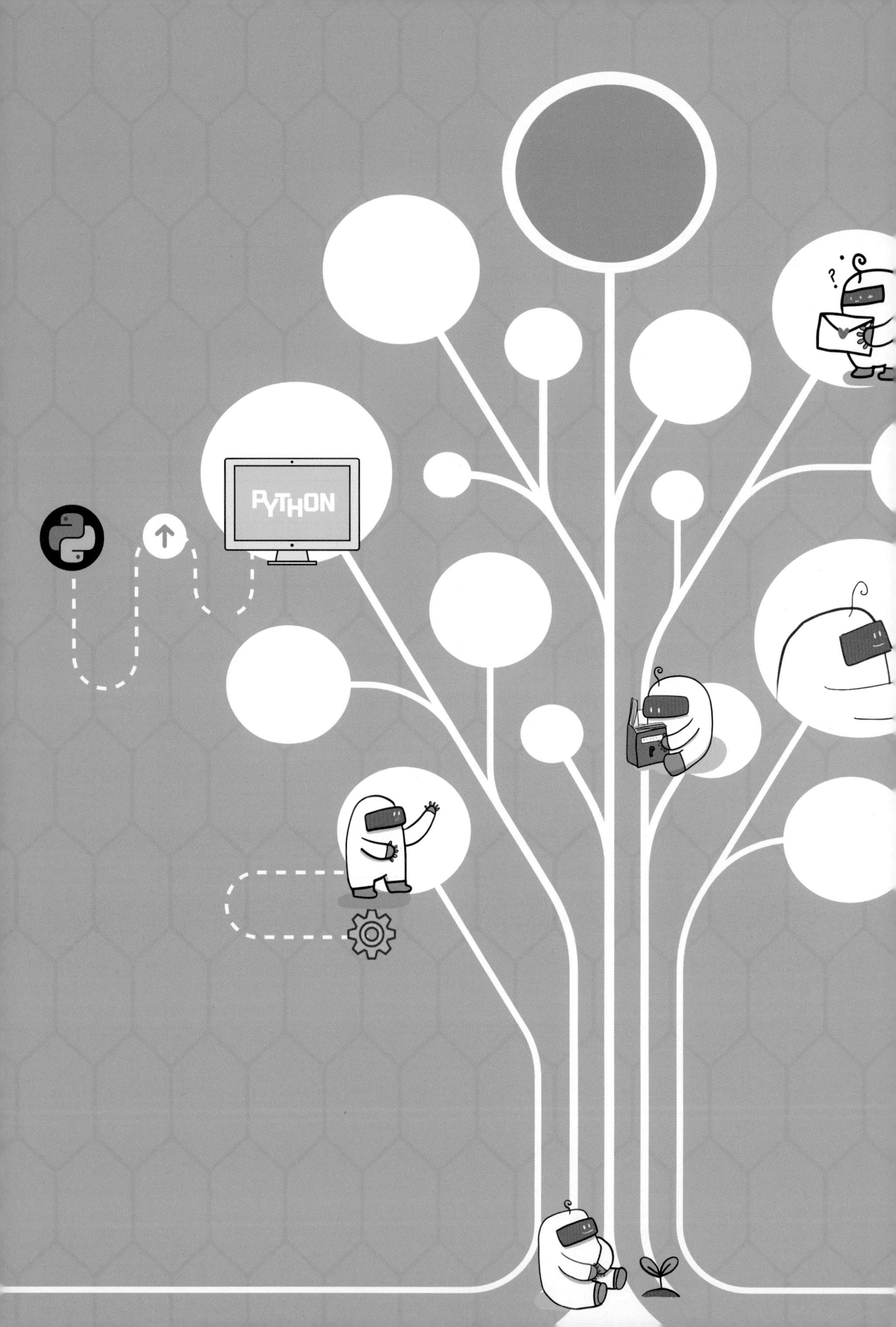
PYTHON

PART 03

파이트리 몸통 세우기 (제어문으로 구조화하기)

PYTHON
AS YOU THINK!!

자동차의 속도나 방향을 제어하기 위해 교통신호나 표지판을 이용하면 교통 혼잡을 해소하고 흐름을 원활히 할 수 있습니다.

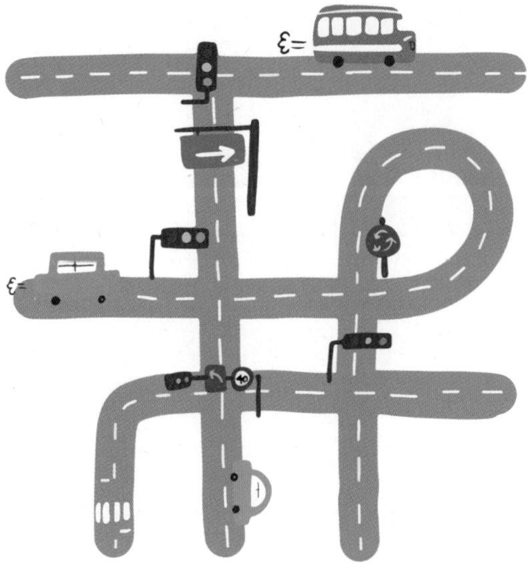

프로그래밍에도 자동차 제어에 필요한 교통표지판처럼 데이터 다루는 순서를 제어하는 방법이 필요합니다. 어떤 조건일 때 선택적으로 명령을 실행하거나 특정 조건이 만족하면 필요한 동작만을 반복하게 구성하면 프로그램을 효율적으로 관리할 수 있습니다. 이처럼 프로그램에서 데이터의 흐름을 관리하는 것을 제어라고 합니다.

제어에는 순서대로 처리하는 순차와 조건에 따른 선택, 범위에 따른 반복이 있는데 이장에서는 조건과 반복에 대해서 알아보겠습니다.

배워볼까요?

❶ 제어구조의 조건과 반복 알아보기

❷ 파이썬의 조건문 익히기

❸ 파이썬의 반복문 익히기

PART 03

1 조건 알아보기

What

1. 조건 (condition) 이란

내비게이션을 이용하여 목적지를 검색한 결과 최단 거리 조건 A 경로와 최소비용 조건 B 경로가 추천되었습니다. 이때 최단 거리와 최소 비용은 조건이 되고 이때 A와 B는 조건에 따른 선택이 됩니다.

조건1 : 최단 거리 선택 : A 길을 선택합니다	조건2 : 최소비용 선택 : B 길을 선택합니다

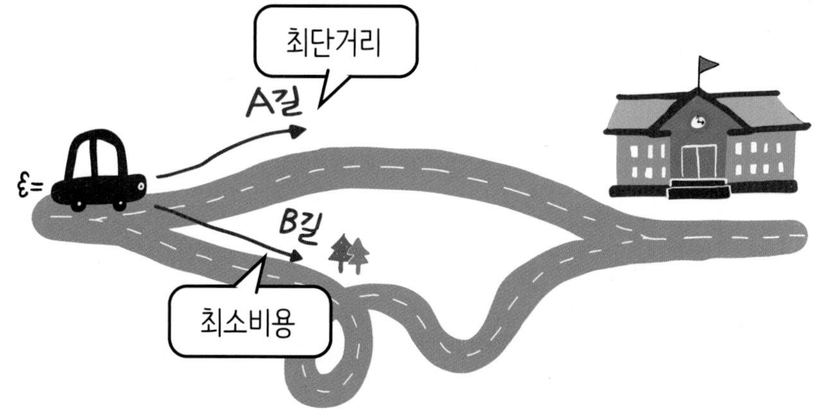

이처럼 프로그래밍에도 흐름을 제어하기 위해 주어진 조건에 따라 선택을 하는 조건문을 사용합니다.

What

2. 조건의 종류

조건의 선택 구조는 ① 조건이 참일 때 실행을 하는(if ~) 경우와 ② 조건이 참 또는 거짓에 따라 다른 실행을 하는 (if ~ else / if ~ elif ~ else) 경우가 있습니다.

1 IF 구조

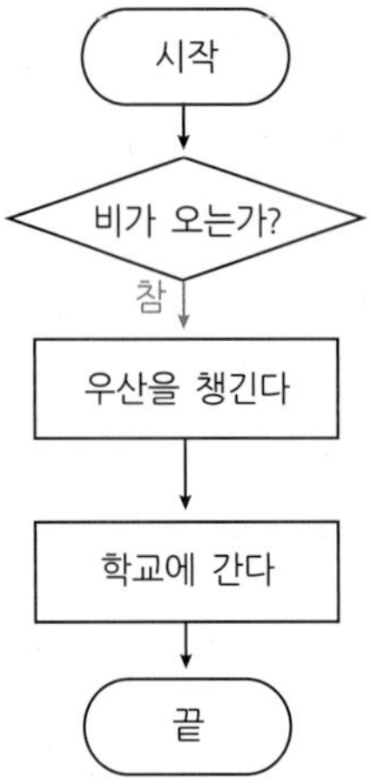

2 IF - ELSE 구조

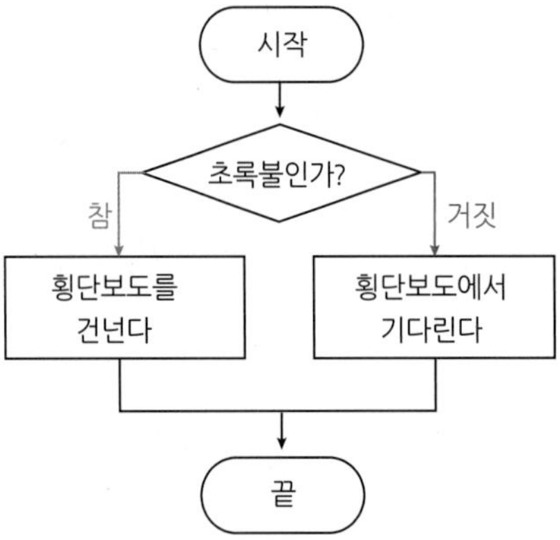

3 IF – ELIF – ELSE 구조

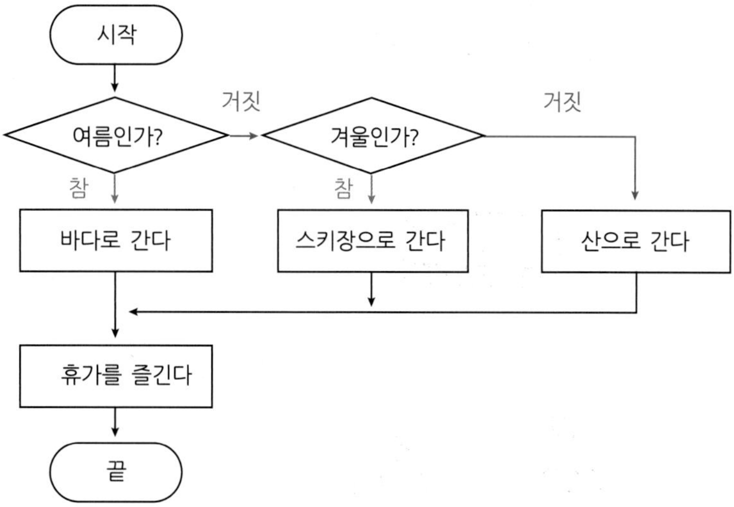

Why

에어컨에는 쾌적, 제습, 수면 등 다양한 동작 모드가 있습니다. 에어컨 프로그램이 실외 온도와 습도를 파악하여 일정 온도 이상이면 자동 쾌적모드를, 장마 때 습도가 높으면 제습모드가 동작하도록 합니다. 이처럼 조건문을 이용하면 다양한 조건에 따라 에어컨의 동작을 제어할 수 있어 효율적으로 제품 서비스를 사용할 수 있습니다.

조건문은 프로그래밍에서 모든 명령 코드를 실행하지 않고 어떤 특정 조건이 만족하였을 때 코드를 실행하도록 하여 프로그램을 효율적으로 제어할 수 있습니다.

How

1. 조건문 어떻게 사용할까?

```
if 조건1 :
    # 명령 코드1        } if문
elif 조건2 :
    # 명령 코드2        } elif문
else :
    # 명령 코드3        } else문
```

▶ **조건문 이렇게 사용해요**

① 키워드 if 다음에 조건식과 콜론(' : ')을 쓰고 다음 줄에 들여쓰기하여 조건이 만족할 때 실행할 [명령 코드1]을 작성합니다.

② 추가할 조건이 있는 경우 키워드 elif 다음에 추가 조건식과 콜론(' : ')을 쓰고 조건을 만족하면 실행할 [명령 코드2]를 작성합니다.

③ 그 외 조건에 맞지 않은 경우는 키워드 else 다음에 콜론(' : ')을 표시하고 조건에 만족하지 않으면 실행할 [명령 코드3]을 작성합니다.

조건문의 기본 구조는 if문으로 elif문과 else문은 생략할 수 있습니다.

How

2. 예제로 조건문 살펴보기

예제를 이용해서 여러 조건 구조를 살펴보도록 하겠습니다.

1 IF 구조

조건

```
if rain :
    print('비가 오면 우산을 챙겨요')
```

들여쓰기

rain변수 값이 True이면 "비가오면 ~" 문장을 출력해요.

Check.

입력값을 확인하여 조건에 따라 출력하는 프로그램을 작성하였습니다. [ ] 에 들어갈 내용과 실행 결과를 적어보세요.

프로그램 코드

File Edit Format Run Options Window Help

```
rain = int(input('비가 오면 1, 오지 않으면 0을 입력하세요. > '))

[    ] rain :
    print('비가 오면 우산을 챙겨요')
```

실행결과

File Edit Shell Debug Option Window Help

```
>>>
비가 오면 1, 오지 않으면 0을 입력하세요. > 1
[                                        ]
```

2 IF - ELSE 구조

조건

```
if green_light :
    print('횡단보도를 건넌다.')
```

green_light 변숫값이 True이면 "횡단보도를 건넌다"를 출력해요.

```
else :
    print('횡단보도에서 기다린다.')
```

green_light 변숫값이 True가 아니면, "횡단보도에서 기다린다"를 출력해요.

들여쓰기

Check.

입력값을 확인하여 조건에 따라 출력하는 프로그램을 작성하였습니다. [ ] 에 들어갈 내용과 실행 결과를 적어보세요.

프로그램 코드

File Edit Format Run Options Window Help

```
green_light = int(input('초록불 : 1, 빨간불 : 0 을 입력하세요. >'))

if [          ] :
    print('횡단보도를 건넌다.')
[    ] :
    print('횡단보도에서 기다린다.')
```

실행결과

File Edit Shell Debug Option Window Help

```
>>>
초록불 : 1, 빨간불 : 0 을 입력하세요. > 1
[                                      ]

>>>
초록불 : 1, 빨간불 : 0 을 입력하세요. > 0
[                                      ]
```

3 IF – ELIF – ELSE 구조

```
            ┌─조건A
if   season == 'summer' :
     print('여름이면 바다로 가요')
       └── 명령코드1
            ┌─조건B
elif season == 'winter' :
     print('겨울이면 스키장으로 가요')
       └── 명령코드2

else :
     print('여름도 겨울도 아니면 산으로 가요')
 ↑      └── 명령코드3
들여쓰기
```

season 변수가 'summer'인 경우 '여름이면~'을 출력해요.

season 변수가 'winter'인 경우 '겨울이면 ~'을 출력해요

두 조건이 아니면 "여름도 겨울도~"를 출력해요.

Check.

입력값을 확인하여 조건에 따라 출력하는 프로그램을 작성하였습니다. [ ] 에 들어갈 내용과 실행 결과를 적어보세요.

프로그램 코드

File Edit Format Run Options Window Help

```
season = input('계절을 입력하세요(summer, winter, or others) : ')

if season == 'summer' :
    print('여름이면 바다로 가요 ', end='')
elif  season == 'winter' :
    print('겨울이면 스키장으로 가요 ', end='')
else :
    print('여름도 겨울도 아니면 산으로 가요 ', end='')
```

실행결과

File Edit Shell Debug Option Window Help

```
>>>
계절을 입력하세요(summer, winter, or others) :  summer
[                                        ]
```

```
>>>
계절을 입력하세요(summer, winter, or others) :  winter

>>>
계절을 입력하세요(summer, winter, or others) :  spring
```

Tip. 2개 이상의 조건을 논리 연산으로 연산하여 사용할 수도 있어요.

프로그램 코드

File Edit Format Run Options Window Help

```
if life == 0 or time < 0 :
    print('Game over')
```

Understanding Concept

1 양수, 음수, 0 판단하기

입력받은 정수가 0인지, 양수 또는 음수인지 판별하고 터틀 그래픽을 이용하여 양수이면 위쪽으로, 0이면 오른쪽으로, 음수이면 아래쪽으로 이동하는 프로그램을 작성해 봅시다.

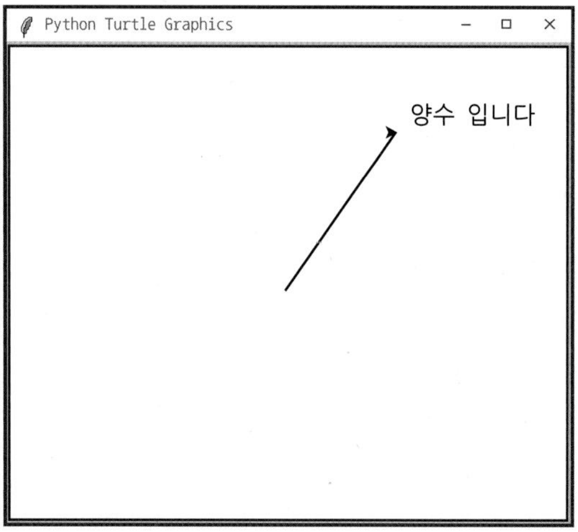

Hint. 터틀 그래픽에서 원하는 좌표로 이동하려면 turtle.goto(x, y) 를 사용하고 글자를 쓰려면 turtle.write(str) 을 사용해요.

① 터틀 그래픽을 설정하고 정수 입력받기

프로그램 코드

File Edit Format Run Options Window Help

```
import turtle

num = int(input('정수를 입력하시오: '))

```

② 입력받은 정수가 0보다 큰지 확인하여 참인 경우 명령 실행하기

프로그램 코드

File Edit Format Run Options Window Help

```
if num > 0 :
    turtle.goto(200,200)
    turtle.write('양수 입니다.')
```

③ 입력받은 정수가 0과 같은지 확인하여 참인 경우 명령 실행하기

프로그램 코드

File Edit Format Run Options Window Help

```
elif num == 0 :
    turtle.goto(200,0)
    turtle.write('0 입니다.')
```

④ 두 조건 모두 만족하지 않은 경우 명령 실행하기

프로그램 코드

File Edit Format Run Options Window Help

```
else :
    turtle.goto(200,-200)
    turtle.write('음수 입니다.')
```

2 완성 코드 살펴보기

프로그램 코드

File Edit Format Run Options Window Help

```
import turtle

num = int(input('정수를 입력하시오: '))

if num > 0 :
    turtle.goto(200,200)
    turtle.write('양수 입니다.')
elif num == 0 :
    turtle.goto(200,0)
    turtle.write('0 입니다.')
else :
    turtle.goto(200,-200)
    turtle.write('음수 입니다.')
```

Finding Error

▶ 점수에 따라 성적 출력하기

입력된 점수에 따라 성적을 출력하는 프로그램을 작성하였습니다.

점수	성적
80 이상 100 이하	A
60 이상 80 미만	B
60 미만	C

하지만 아래처럼 입력값에 따라 점수가 나오지 않고 있습니다. 오류가 있는 부분을 찾아 올바르게 수정하세요.

프로그램 코드

File Edit Format Run Options Window Help

```
1  score = int( input ( '점수 (0 ~ 100) : ' ) )
2
3  if ( score >= 80 ) :
4      grade = 'A'
5  if ( score >= 60 ) :
6      grade = 'B'
7  if ( score < 60 ) :
8      grade = 'F'
9
10 print('grade :', grade)
```

실행결과

File Edit Shell Debug Option Window Help

```
점수 (0~100) : 85
grade : B
```

Explanation

첫번째 if문에서 조건이 참이 되어 grade가 A가 되었으나 다시 두 번째 조건문에서도 조건이 참이 되어 grade는 다시 B가 되었습니다. 따라서 if 조건에 맞지 않아 또 다른 조건을 확인할 때 조건식은 elif문을 사용합니다..

Line 5 〉〉 elif (score 〉= 60) :

Line 7 〉〉 elif (score 〈 60) :

Checking Point

01. 프로그램은 미리 작성하는 것이므로 항상 같은 결과를 가진다. (O , X)

02. if문을 사용하면 조건에 따라 다른 실행을 할 수 있다. (O , X)

03. if문은 참인 조건을 만족할 때 실행되는 문장과 else 문으로 거짓인 조건을 만족할 때 실행되는 문장이 항상 같이 있어야 한다. (O , X)

04. if문에서 여러 개의 조건을 명시하는 경우에는 else if 키워드를 사용한다. (O , X)

05. 다음 3가지 방식의 프로그램은 양수, 0, 음수를 판단하도록 동일하게 실행됩니다. 방식1과 동일하게 실행되기 위해 방식2와 방식3의 [ ] 을 채워 넣으세요.

방식1	방식2	방식3

if num > 0 :
    print('양수')
if num == 0 :
    print('0')
if num < 0 :
    print('음수')
	if num > 0 :
	    print('양수')
	[ ] num == 0 :
	    print('0')
	[ ] :
	    print('음수')
		if num >= 0 :
		    if [ ] :
		        print('양수')
		    [ ] :
		        print('0')
		[ ] :
		    print('음수')

Tip. if문 내부에 필요에 따라 방식 3처럼 if문을 중첩하여 사용할 수 있어요!

06. 입력된 아이디가 저장된 아이디 'ilovepython' 인지 확인하여 저장된 아이디이면 "환영합니다."를 출력하고, 아니면 "아이디를 찾을 수 없습니다." 를 출력하는 로그인 프로그램을 만들어봅시다.

실행결과

File Edit Shell Debug Option Window Help

```
아이디를 입력하세요 : ilovepython
환영합니다.
>>>
아이디를 입력하세요 : ilovejava
아이디를 찾을 수 없습니다.
```

MEMO

PART 03

2 반복 while 알아보기

What

1. 조건으로 반복(iteration)하는 while 이란?

로봇청소기는 설정된 시간 동안 방을 돌아다니며 청소를 하고, 에어컨은 설정해 놓은 온도보다 높을 때 가동됩니다. 선기 포트 역시 설정된 온도보다 물의 온도가 낮을 때 가열하도록 프로그래밍 되어 있습니다. 이 모든 일은 조건을 만족하는 동안 계속 반복하여 동작합니다.

만약 전기 포트가 설정된 온도보다 물의 온도가 낮을 때 조건이 없이 무한 반복하여 가열한다면 온도가 너무 높아져 포트가 폭발할 수 있어 매우 위험해집니다. 그래서 반복 동작에는 동작을 종료할 수 있는 기준 즉 조건 또는 반복 횟수가 필요합니다.

프로그램에서 조건을 만족하는 동안 계속 반복하는 'while' 문에 대해서 배워보도록 하겠습니다.

What

2. 반복의 종류

반복의 종류에는 ① 조건에 의한 반복과 ② 주어진 자료 혹은 횟수만큼 반복하는 형태가 있습니다.

① 조건으로 반복 : 조건이 참인 동안 반복하고, 거짓이면 반복을 빠져나옵니다.

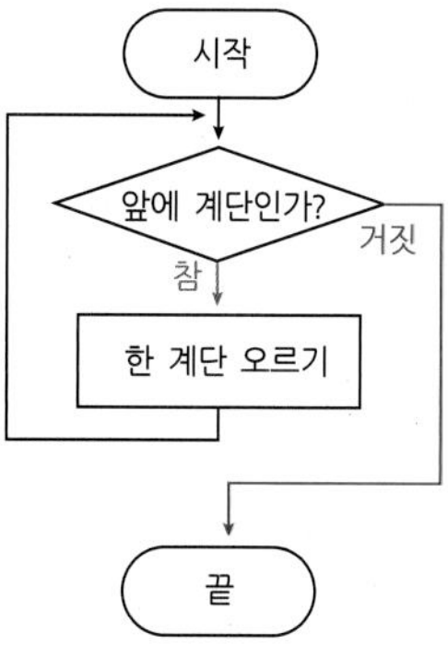

② 주어진 횟수 반복 : 주어진 횟수만큼 반복합니다.

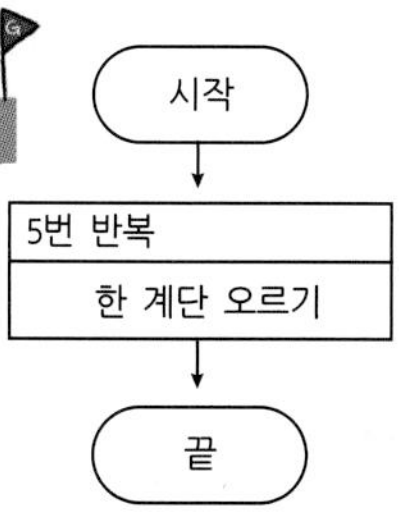

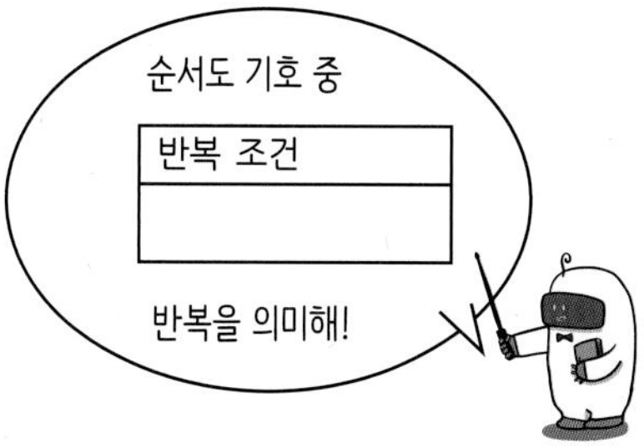

Why

우리 친구를 학교에 도착하도록 반복문을 사용하지 않았을 때와 반복문을 사용했을 때를 비교하여 명령문을 작성해 보겠습니다.

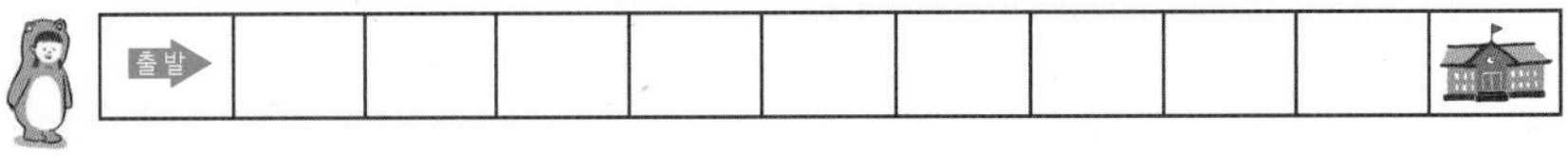

반복문 사용하지 않은 경우	반복문 사용한 경우
앞으로 한 칸 이동합니다. 앞으로 한 칸 이동합니다. 앞으로 한 칸 이동합니다. 앞으로 한 칸 이동합니다. 앞으로 한 칸 이동합니다. 앞으로 한 칸 이동합니다.	while 학교에 도착하지 않았는가? : 앞으로 한 칸 이동합니다.

위 두 가지 경우처럼 같은 동작을 하는 명령문이지만, '학교에 도착하지 않았는가?'라는 조건을 준 while 반복문을 사용하면 2줄로 간단하게 작성할 수 있습니다.

여러분들이 정보 사고력 대회 참석자 명단을 입력받아 작성한다고 생각해볼까요? 입력이 있는 동안 while 반복문을 사용해서 명단을 작성하면 됩니다.

이런 경우와 같이 조건에 따라 반복을 실행하는 경우에는 while 반복문을 사용하면 간결하고 좋습니다.

How

1. while문 어떻게 사용할까?

```
while 조건 :
    #명령 코드
```
} while문

▶ while문 이렇게 사용해요.

① while문은 키워드 while 다음에 반복의 [조건]과 콜론(' : ') 표시합니다.

② 콜론 다음 줄부터 들여쓰기가 적용된 [명령 코드]를 [조건]이 참인 동안 실행합니다.

How

2. 예제로 while문 살펴보기

while 문을 예제로 살펴보도록 하겠습니다.

```
i = 0
while i < 5 :
    print(i)
    i += 1
```

반복 실행 / 반복문장 / 들여쓰기

i= 0,1,2.3,4인 경우 조건을 만족하므로 출력을 실행하고, i = 5가 되면 만족하지 않으므로 반복을 종료해요.

반복문의 코드가 실행될 때마다 i 값을 1 씩 증가시키기 위해 i += 1 코드를 추가합니다. 반복 조건을 확인하는 i 값을 변경하지 않으면 반복 조건인 i 〈 5 조건을 계속 만족하게 되어 무한 반복에 빠지게 됩니다.

[조건을 만족하지 않는 경우 반복문 종료]

프로그램 코드

File Edit Format Run Options Window Help

```
i = 0
while i < 5 :
    print(i)
    i += 1
```

실행결과

File Edit Shell Debug Option Window Help

```
0
1
2
3
4
```

[조건을 만족할 수 없어 무한반복]

프로그램 코드

File Edit Format Run Options Window Help

```
i = 0
while i < 5 :
    print(i)
```

실행결과

File Edit Shell Debug Option Window Help

```
0
0
0
....
```

Tip. 위와 같이 코드를 작성하면 '0'이 무한 반복하여 출력됩니다. 이렇게 무한 반복으로 프로그램이 종료되지 않는 경우에는 CTRL + C 로 강제 종료하면 됩니다.

Check.

숫자를 출력하는 반복문을 작성하였습니다. 코드와 실행 결과 부분의 [   ] 를 채워보세요.

프로그램 코드

File Edit Format Run Options Window Help

```
i = 0
[      ] i < 5 :
    print(i)
    i += 1

print('반복문 종료 후 변수 i 에 저장된 값 : ', i)
```

실행결과

File Edit Shell Debug Option Window Help

```
[  ]



반복문 종료 후 변수 i 에 저장된 값 : [  ]
```

Plus. 복합연산자

'+=' 처럼 다른 연산자와 할당 연산자(=) 를 합쳐놓은 연산자를 복합연산자라고 해요.

예를 들면, 'i += 1'은 'i = i+1' 과 같은 의미예요.

복합연산자	의미	설명
x += y	x = x + y	x와 y를 더한 후 x에 저장한다.
x -= y	x = x - y	x에서 y를 뺀 후 x에 저장한다.
x *= y	x = x * y	x와 y를 곱한 후 x에 저장한다.
x /= y	x = x / y	x를 y로 나눈 값을 x에 저장한다.
x %= y	x = x % y	x를 y로 나눈 나머지를 x에 저장한다.

위를 참고하여 아래 표의 의미와 설명을 적어보세요.

복합연산자	의미	설명
x += 1		
x -= 1		
x *= 2		
x /= 2		
x %= 2		

How

3. 반복을 중단하는 'break'

① 반복문을 실행하는 중 break 문을 만나면 반복문을 중단합니다.

② if 조건문과 함께 사용하거나 문장을 중단하고 싶은 부분에서 사용합니다.

문장 구조	예제로 이해하기

반복문 :
    명령코드
    if 조건 :
        break
	>>> while True :
	        str_in = input('input : ')
	        if str_in == 'q' :
	            break
	        print('입력문 : ' + str_in)
	
	input : a
	입력문 : a
	input :

위 예제로 이해하기 프로그램은 계속 입력문을 받아 화면에 출력하다가 입력받은 값이 'q'이면 while 문을 중단합니다.

Check.

입력받은 문자열을 출력하는 프로그램입니다. 특정 단어가 입력되면 종료되게 하도록 프로그램 코드의 [   ] 에 들어갈 내용과 프로그램 실행 시 프로그램을 종료하기 위해 입력하는 단어가 무엇인지 적어 보세요.

프로그램 코드

File Edit Format Run Options Window Help

```
while True :
    str_in = input('input  : ')
    if [      ]== 'exit' :
        [          ]
    print('입력문 : ' + str_in)
```

실행결과

File Edit Shell Debug Option Window Help

```
input  : Hello!
입력문 : Hello!
input  : Python~
입력문 : Python~
input  : [          ]
```

How

4. 다음 반복으로 넘어가는 'continue'

① 반복문 실행 중 continue 문을 만나면, continue 아래 '명령 코드 2'를 생략하고, 다음 반복으로 넘어갑니다.

② break 와 마찬가지로 주로 if 조건문과 함께 사용합니다.

<table>
<tr><th>문장 구조</th><th>예제로 이해하기</th></tr>
<tr><td><pre>
반복문 :
    명령코드 1
    if 조건 :
        continue
    명령코드 2
</pre></td><td><pre>
>>> n = 0
>>> while n < 10 :
    n + = 1
    if n % 2 == 0 or n % 5 == 0 :
        continue
    print(n, end=' ')

1 3 7 9
</pre></td></tr>
</table>

위 예제로 이해하기 프로그램은 반복 실행 중 'n'을 2로 나눈 나머지가 '0' 이거나 5로 나눈 나머지가 '0' 인 경우, continue가 실행되어 다음 print 문을 실행하지 않고 다음 반복으로 넘어갑니다.

Check.

50보다 작은 자연수 중 2와 5의 배수가 아닌 수를 출력하는 프로그램입니다.

코드와 실행결과의 [ ] 를 채워보세요..

프로그램 코드

File Edit Format Run Options Window Help

```
n = 0
[        ] n < 50 :
    n += 1
    if n % 2 == 0 or n % 5 == 0 :
        [         ]
    print(n, end=' ')

print('\n반복문 종료 후 변수 n 에 저장된 값 : ', n )
```

실행결과

File Edit Shell Debug Option Window Help

```
1 3 7 9 11 13 17 19 21 23 27 29 31 33 37 39 41 43 47 49
반복문 종료 후 변수 n 에 저장된 값 : [    ]
```

Attention. break 와 continue 는 반드시 반복문 내부에서만 사용해야 합니다. 반복문 내부가 아닌 경우, Syntax error(구문에러)가 발생합니다.

Python 3.8.5 Shell

File Edit Shell Debug Option Window Help

```
>>> if i < 0 :
        break
SyntaxError: 'break' outside loop
>>> if i < 0 :
        continue
SyntaxError: 'continue' not properly in loop
```

Understanding Concept

Trutle 그래픽을 이용하여 입력받은 '빨간 점'의 위치로 거북이가 이동하는 프로그램을 작성해 봅니다. 반복문을 사용하여 거북이가 한 번에 '1'씩만 이동하도록 합니다.

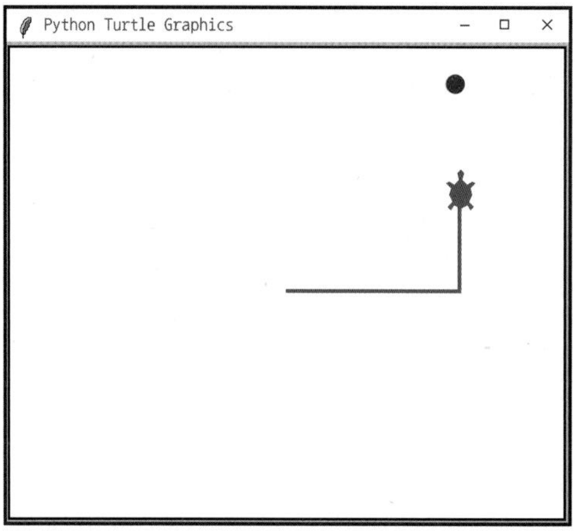

1 터틀 그래픽을 설정하고 정수 입력받기

프로그램 코드

File Edit Format Run Options Window Help

```
import turtle

p_x = int( input('점의 x좌표를 입력하세요 (-300~300) : ') )
p_y = int( input('점의 y좌표를 입력하세요 (-300~300) : ') )

p = turtle.Turtle()
p.shape('circle')
p.color('red')
p.penup()
p.setpos(p_x, p_y)

t = turtle.Turtle()
t.shape('turtle')
t.color('blue')
t.pensize(5)
t.speed(1)

```

① 터틀 그래픽 사용하기

[1] 터틀 그래픽을 사용하기 위해 turtle을 import 합니다.

② '빨간 점' 설정하기

[3–6] 빨간 점은 x와 y좌표를 입력받아 표시합니다.

[7–10] 빨간 점의 모양, 색상을 설정합니다.

③ '거북이' 설정하기

[12–16] 거북이는 원점에서 시작하고 모양과 색깔, 선의 굵기 및 속도를 설정합니다.

2 이동하기

프로그램 코드

File Edit Format Run Options Window Help

```
18 if p.xcor() > t.xcor() :
19     t.setheading(0)
20 else :
21     t.setheading(180)
22
23 while abs(t.xcor() - p.xcor()) > 1 :
24     t.forward(1)
25
```

① x좌표 이동하기

[18–21] '빨간 점'의 x좌표 〉 '거북이' x좌표 라면 거북이를 오른쪽으로, 아니면 왼쪽으로 설정합니다.

[23–24] 두수의 차를 구하는 abs(x, y) 내장함수를 활용하여 '빨간 점'과 '거북이' 의 x좌표의 차가 1보다 큰 동안 '1' 씩 설정된 방향으로 이동합니다.

프로그램 코드

File Edit Format Run Options Window Help

```
26 if p.ycor() > t.ycor() :
27     t.setheading(90)
28 else :
29     t.setheading(-90)
30
31 while abs(t.ycor() - p.ycor()) > 1 :
32     t.forward(1)
33
```

② y좌표 이동하기

[26–29] '빨간 점'의 y좌표 〉 '거북이'의 y좌표 라면 거북이는 위쪽으로, 아니면 아래쪽으로 설정합니다.

[31–32] '빨간 점'과 '거북이'의 y좌표의 차가 1보다 큰 동안 '1' 씩 설정된 방향으로 이동합니다.

3 전체 코드 확인하기

프로그램 코드

File Edit Format Run Options Window Help

```
import turtle

p_x = int( input('점의 x좌표를 입력하세요 (-300~300) : ') )
p_y = int( input('점의 x좌표를 입력하세요 (-300~300) : ') )

p = turtle.Turtle()
p.shape('circle')
p.color('red')
p.penup()
p.setpos(p_x, p_y)

t = turtle.Turtle()
t.shape('turtle')
t.color('blue')
t.pensize(5)
t.speed(1)

if p.xcor() > t.xcor() :
    t.setheading(0)
else :
    t.setheading(180)

while abs(t.xcor() - p.xcor()) > 1 :
    t.forward(1)

if p.ycor() > t.ycor() :
    t.setheading(90)
else :
    t.setheading(-90)

while abs(t.ycor() - p.ycor()) > 1 :
    t.forward(1)

```

Finding Error

① 0부터 9까지 출력하는 프로그램을 다음과 같이 작성하고 프로그램을 실행하면 무한 반복으로 0만 출력합니다. 프로그램이 정상적으로 0부터 9까지 출력하고 종료하도록 수정해 보세요.

프로그램 코드

File Edit Format Run Options Window Help

```
1 i = 0
2
3 while i < 10 :
4     print( i, end = '  ')
```

② 다음 프로그램를 실행하면 오류가 발생합니다. 잘못된 곳을 찾아 수정해보세요.

프로그램 코드

File Edit Format Run Options Window Help

```
while str_in != 'q' :
    str_in = input('input : ')
    if str_in == 'q' :
        break
    print('입력문 : ' + str_in)
```

Explanation

① while 반복문 내에 i 증가하는 부분이 없어 조건식이 계속 참인 상태입니다. 따라서 while 반복문 내에 i 를 증가하는 코드를 추가하도록 합니다.
Line 5 〉〉 i = i + 1 (들여쓰기 적용해서)

② while 반복문의 조건식에서 비교할 str_in 값이 정의되지 않았습니다. while 앞에 str_in 변숫값을 정의해 줍니다.

Checking Point

01. 조건 반복을 사용할 때는 (　　　　　) 키워드를 사용합니다.

02. while 반복문을 사용하여 무한 반복하는 프로그램을 작성할 수 없습니다. (O , X)

03. 반복 블록을 중단할 때는 (　　　　　) 키워드를 사용합니다.

04. continue 문은 반복 블록 내부의 명령을 전혀 실행하지 않고 다음 반복으로 넘어갑니다. (O , X)

05. 조건문을 중단할 때도 break 문을 사용하여 조건 블록을 빠져나올 수 있습니다. (O , X)

06. 숫자를 입력받아 합을 구하는 프로그램을 작성하세요. 입력을 종료하려면 'q'를 입력합니다.

실행결과

File　Edit　Shell　Debug　Option　Window　Help

```
숫자를 입력하세요. (종료 : 'q') > 10
숫자를 입력하세요. (종료 : 'q') > 13
숫자를 입력하세요. (종료 : 'q') > 50
숫자를 입력하세요. (종료 : 'q') > 3
숫자를 입력하세요. (종료 : 'q') > 10
숫자를 입력하세요. (종료 : 'q') > q

입력한 숫자의 합 :  86
```

07. 암호를 맞출 때까지 암호 입력을 받는 프로그램을 작성하세요.

실행결과

File　Edit　Shell　Debug　Option　Window　Help

```
암호를 입력하세요 > ilovepython
암호를 입력하세요 > ilovejava
암호를 입력하세요 > why_python!
암호를 맞췄습니다.
```

PART 03

3 반복 for 알아보기

What

주어진 자료로 반복하는 for

A 동네에 있는 10개 가구에 우유를 배달하는 우유 배달부가 있습니다. 우유 배달부는 매일 첫 번째 집부터 시작하여 10번째 집까지 순서대로 우유 배달을 반복합니다.

위의 예처럼 for문은 시험 답안을 번호 순서대로 가져와 채점하는 프로그램이나 고객 데이터에 입력되어있는 주소를 가져와 우편물에 사용하도록 출력하는 프로그램과 같이 주어진 자료를 순서대로 가져와 처리하는 반복문입니다.

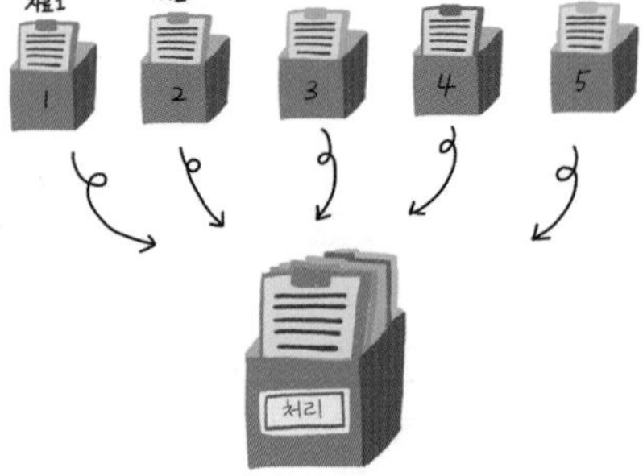

for문은 while 문과 달리 '주어진 자료를 가져와 처리하는 경우(리스트, 튜플 등)' 또는 '반복할 횟수가 정해져 있는 경우'에 사용합니다.

Why

구구단을 출력하는 프로그램을 반복문을 사용하지 않았을 때와 반복문을 사용했을 때를 비교하여 작성해 보겠습니다.

for문을 사용하지 않은 경우	for문을 사용한 경우

print('2 * 1 = ', 2*1)
print('2 * 2 = ', 2*2)
print('2 * 3 = ', 2*3)
print('2 * 4 = ', 2*4)
.....
print('9 * 7 = ', 9*7)
print('9 * 8 = ', 9*8)
print('9 * 9 = ', 9*9)
	for x in range(2, 10):
	    for y in range(1, 10):
	        print(x, 'X', y, '=', x*y)
	print("---------------------")

위 두 가지 경우처럼 같은 동작을 하는 명령문이지만, 정해진 횟수나 주어진 자료의 조건을 만족하는 'for' 반복문을 사용하면 간단하고 효율적인 코드를 작성할 수 있습니다.

Tip. 'for'문은 횟수나 정해진 자료에 반복하는 경우, 'while'문은 조건에 따라 반복하는 경우 편리하게 사용할 수 있습니다.

How

1. for문 어떻게 사용할까?

```
for 변수 in 순서형 자료 :
    #
    #명령 코드
    #
```

for문

▶ for문 이렇게 사용해요

① for문은 키워드 for 다음에 순서대로 값을 저장할 변수, 키워드 in과 순서형 자료 와 콜론(' : ')을 표시합니다.

② 순서형 자료를 순서대로 변수에 할당하고 [명령 코드]를 반복하여 실행합니다.

How

2. 예제로 for문 살펴보기

예제를 이용해서 for문의 구조를 살펴보도록 하겠습니다.

1 주어진 횟수로 반복하기

주어진 횟수로 반복하는 for문을 예제로 살펴보도록 하겠습니다.

반복 키워드 반복횟수

```
for i in range(5) :
    print('Hello, Python')
```

반복 실행

들여쓰기 반복문장

변수 i 에 순서대로 0,1,2,3,4 가 저장되고 'Hello~' 문장을 5번 출력합니다.

Tip. range(N)은 0부터 N-1까지 정수를 순서대로 생성하므로 for문을 range(N)과 함께 사용하면 자료의 수 N만큼 반복합니다.

Plus. range() 함수

range(start=0, stop, step=1)

range는 start, stop, step의 3개의 입력값으로 start 값부터 step 간격으로 stop보다 작은 값을 순서대로 생성해요. start와 step은 생략 가능하며 생략 시 start=0, step=1의 값을 가져요.

예 시
range(5) => [0, 1, 2, 3, 4]
range(1, 10) => [1, 2, 3, 4, 5, 6, 7, 8, 9]
range(1, 10, 2) => [1, 3, 5, 7, 9]
range(2, 10, 2) => [2, 4, 6, 8]

Check.

'Hello, Python!'을 3번 출력하는 프로그램을 작성해 봅시다. [ ] 에 들어갈 내용이 무엇인지 적어 보세요.

프로그램 코드

File Edit Format Run Options Window Help

```
[    ] i [ ] range(3) :
    print('Hello, Python!')
```

실행결과

File Edit Shell Debug Option Window Help

```
Hello, Python!
Hello, Python!
Hello, Python!
```

2 주어진 자료로 반복하기

주어진 순서형 자료에 대해 반복하는 for문을 예제로 살펴보도록 하겠습니다.

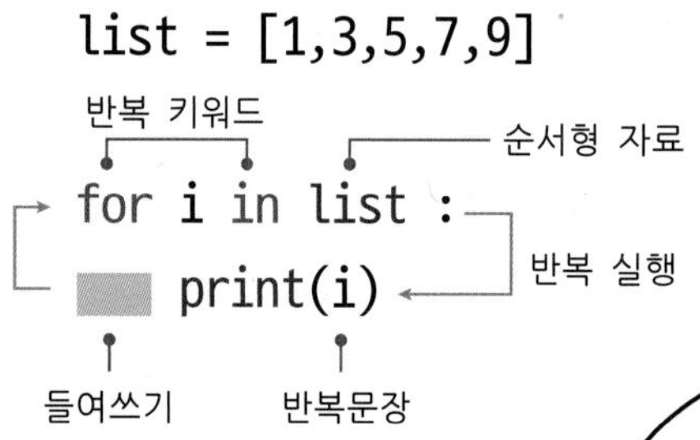

변수 i에 순서대로 1, 3, 5, 7, 9를 저장하여 반복문을 실행해요.

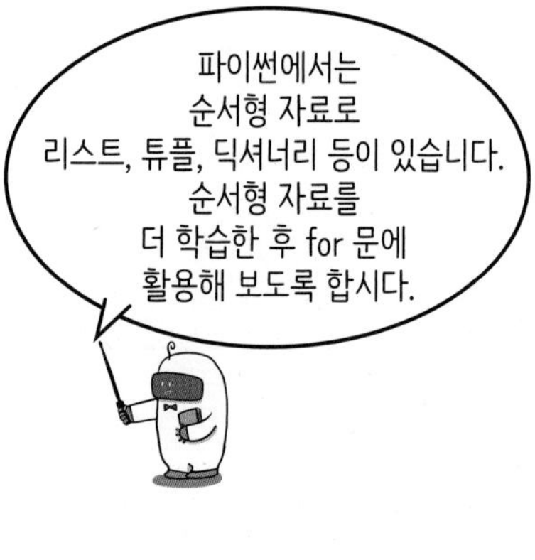

Plus. 반복문이 종료된 후 실행되는 else

반복 실행이 종료된 후 실행할 문장을 else문으로 추가할 수 있어요. 단, 반복 도중 break문으로 반복을 빠져나온 경우는 else문이 실행되지 않아요.

```
반복문 내부

    #명령 코드1
else :
    #명령 코드2   ← 반복문 실행 완료 후 실행
```

예제로else문을 살펴보도록 하겠습니다.

```
for i in range(10) :
    str = input('input > ')
    if str == 'q' :
        break
    print('입력문 : ' + str)
else :
    print('입력이 완료되었습니다.')
```

들여쓰기

- break: 'q'입력되면 break문으로 반복을 종료하므로, else문이 실행되지 않아요.
- else: 반복이 10번 실행 된 후 else문이 실행되요.

Understanding Concept

Turtle 그래픽을 이용하여 정삼각형부터 정십이각형까지 차례대로 그려봅시다.

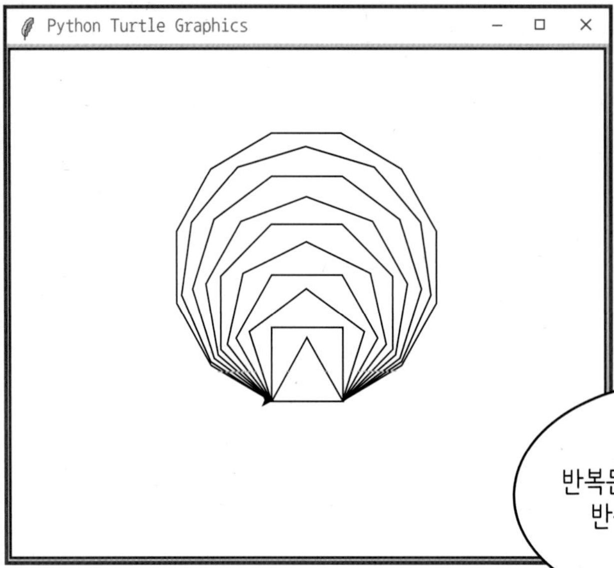

1 터틀 그래픽 설정하기

프로그램 코드

File Edit Format Run Options Window Help

```
import turtle

turtle.up()
turtle.setpos(-100, -100)
turtle.down()
turtle.pensize(3)

```

터틀 그래픽을 사용하기 위해 turtle을 import 하고 시작 위치 및 펜 사이즈를 설정합니다.

2 다각형 그리기

프로그램 코드

File Edit Format Run Options Window Help

```
for polygon in range(3, 12+1, 1) :
    for i in range(polygon) :
        turtle.forward(100)
        turtle.left(360/polygon)

```

3~12까지의 숫자를 변경하며 차례대로 다각형을 그리고, 각 다각형은 변을 반복하여 그리며 회전합니다.

3 전체 코드 살펴보기

프로그램 코드

File Edit Format Run Options Window Help

```
import turtle

turtle.up()
turtle.setpos(-100, -100)
turtle.down()
turtle.pensize(3)

for polygon in range(3, 12+1, 1) :
    for i in range(polygon) :
        turtle.forward(100)
        turtle.left(360/polygon)
```

Finding Error

① 0부터 9까지의 정수를 출력하는 프로그램을 다음과 같이 각각 작성하였습니다. 하지만 각각의 프로그램을 실행하면 오류가 발생합니다. 잘못된 곳을 찾아 수정해보세요.

프로그램 코드

File Edit Format Run Options Window Help

```
1  for i in 10 :
2      print(i)
```

실행결과

File Edit Shell Debug Option Window Help

```
Traceback (most recent call last):
  File "프로그램 코드.py", line 1, in <module>
    for i in 10 :
TypeError: 'int' object is not iterable
```

② 0부터 9까지 정수가 아닌 10만 출력된 이유를 설명해 보세요.

프로그램 코드

File Edit Format Run Options Window Help

```
1  for i in [10] :
2      print(i)
```

실행결과

File Edit Shell Debug Option Window Help

```
10
```

Explanation

① for 반복문에서 in 다음에는 반복횟수를 표현해야하는데 10이란 숫자가 표기되었습니다. range() 함수를 사용하여 반복횟수를 나타내도록 합니다.

Line 1 〉〉 for i in range(10):

② 위 1번과 동일하게 for 반복문에서 in 다음에는 반복횟수를 표현해야하는데 리스트 내의 값이 1개만 있어 그 값만 나오기 때문입니다. range() 함수를 사용하거나 리스트의 값을 0~9까지 나타내도록 해야합니다.

Line 1 〉〉 for i in range(10): or
for i in [0,1,2,3,4,5,6,7,8,9]:

Checking Point

01. (　　　) 반복문은 주로 횟수나 자료가 정해진 경우 사용합니다.

02. while 반복문으로는 정해진 횟수를 반복하는 프로그램을 작성할 수 없다. (O , X)

03. if문 뿐 아니라 반복문에도 else 문을 사용할 수 있다..

04. for 반복문은 변수에 주어진 값이 차례대로 할당되어 반복 실행되므로 반복문 내부에서 변수의 값을 변경할 필요가 없다. (O , X)

05. else, continue, break 는 반복문 for 와 while 에 모두 사용할 수 있다. (O , X)

06. 자연수 n을 입력받아 첫째 줄에는 별 1개, 둘째 줄에는 별 2개를 반복하여 n번째 줄에는 별 n개를 찍는 프로그램을 작성하세요.

실행결과

File Edit Shell Debug Option Window Help

```
출력할 별의 줄 수 : 5
*
**
***
****
*****
```

07. 터틀 그래픽을 이용하여 반지름이 20부터 200까지인 원 10개를 그리도록 프로그램을 작성해 보세요.

08. 1~100 사이의 자연수 중에서 3의 배수이거나 5의 배수이면서 15의 배수가 아닌 수를 출력하는 프로그램을 작성해 보세요.

실행결과

File Edit Shell Debug Option Window Help

```
3 5 6 9 10 12 18 20 21 24 25 27 30 33 35 36 39 40 42 45 48 50
```

Jump up

1. 홀수와 짝수 판별하기

입력받은 숫자가 홀수인가 짝수인지 판별하는 프로그램을 작성하세요.

❖ 입력 : 자연수

···› 출력 : 입력받은 자연수가 홀수이면 ‘홀수’ 짝수이면 ‘짝수를출력

실행결과

File Edit Shell Debug Option Window Help

```
자연수를 입력하세요 : 10
짝수
```

생각해 보기

입력받는 자연수 변수 : ______

짝수인 경우 조건 : ______

프로그램 코드

03_JUMP_01_홀수짝수판별.py

File Edit Format Run Options Window Help

```
n = int( input('자연수를 입력하세요 : ') )

if n % 2 == 0 :
      print('짝수')
else:
      print('홀수')
```

Jump up

2. 주민등록번호로 성별 알아맞히기

주민등록번호 13자리 중 7번째 자리의 숫자는 성별을 나타냅니다.

1, 3은 남자 2, 4는 여자를 의미합니다. 주민등록번호를 입력받아 성별을 출력하는 프로그램을 작성하세요.

1	9	0	1	0	3	-	1	0	1	0	3	3	3
생년		월		일			성별	출생지역번호				등록순서	검증번호

❖ 입력 : 주민등록번호 입력 ('-' 빼고 숫자만 입력)

⋯› 출력 : 성별 출력

실행결과

File Edit Shell Debug Option Window Help

```
주민등록번호 ( '-' 빼고 숫자만 입력 ) : 1010103124567
남성입니다.
```

생각해 보기

입력된 문자열을 저장하는 변수이름 : ☐

입력된 문자열에서 성별이 저장된 인덱스 : ☐

프로그램 코드

03_JUMP_02_주민번호로성별맞히기.py

File Edit Format Run Options Window Help

```
id_no = input('주민등록번호를 입력하세요.( '-' 빼고 숫자만 입력 ) : ')

if id_no[6] == '1' or id_no[6] == '3' :
    print('남성입니다.')
elif id_no[6] == '2' or id_no[6] == '4' :
    print('여성입니다.')
else :
    print('확인할 수 없습니다.')
```

Plus. 주민등록번호의 7번째 자리 숫자가 5, 7은 외국인 남자 6,8은 외국인 여자를 나타냅니다. 코드를 추가하여 외국인 남자, 여자를 구분하는 코드를 추가해보세요.

Jump up

3. 범위 내 홀수의 합 구하기

두 정수를 주면 두 수 범위 내의 홀수들의 합을 구하는 프로그램을 작성하시오.

❖ 입력 : 두 개의 정수를 순서대로 입력

⋯› 출력 : 범위 내 홀수의 합을 출력

실행결과

File Edit Shell Debug Option Window Help

```
첫 번째 숫자를 입력하세요 : 10
두 번째 숫자를 입력하세요 : 100
범위 내 홀수의 합 :  2475
```

생각해 보기

두 개의 양의 정수 변수	:
홀수의 합을 저장하는 변수	:
for문 in 범위	: range (,)

프로그램 코드

03_JUMP_03_범위내홀수합.py

File Edit Format Run Options Window Help

```
a = int( input('첫 번째 숫자를 입력하세요 : ') )
b = int( input('두 번째 숫자를 입력하세요 : ') )

total = 0

for i in range (a, b + 1) :
    if i%2 == 1 :
        total = total + i

print('범위 내 홀수의 합 : ', total)
```

Jump up

4. 문자열 순서대로 출력하기

입력받은 문자열을 다음 실행 결과와 같은 형태로 출력되는 출력 프로그램을 작성하세요.

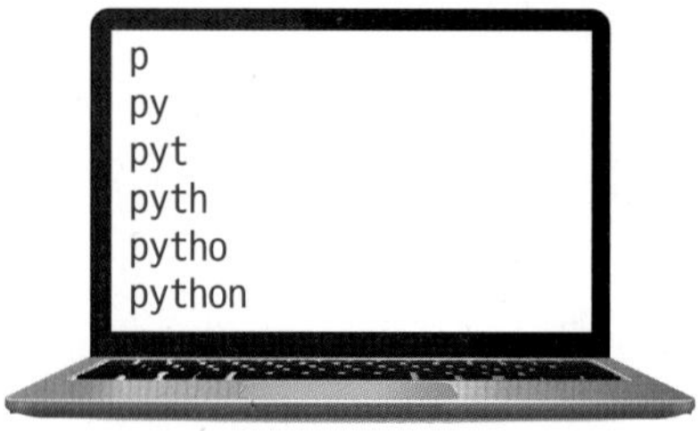

❖ 입력 : 임의의 문자열

⋯› 출력 : 입력받은 문자열을 순서대로 출력

실행결과

File Edit Shell Debug Option Window Help

```
p
py
pyt
pyth
pytho
python
```

생각해 보기

입력 문자열 저장 변수 : [　　　　]

2개의 for문 in 범위 : [　　　　]

[　　　　]

프로그램 코드

03_JUMP_04_문자열출력.py

File Edit Format Run Options Window Help

```
text = input('문자열을 입력하세요 : ')

for i in range( len(text) ) :

    for j in range( i+1 ) :
        print(text[j], end='')

    print()
```

Jump up

5. 사탕 개수 알아맞히기

하준이와 하영이가 서로 번갈아 가며 사탕을 나누어 주었을 때, 특정한 날의 하준이와 하영이의 사탕 개수를 알아보는 프로그램을 작성해 보세요.

어느 날 하준이와 하영이는 자신의 사탕을 절반씩 번갈아 가며 나누어 주기로 하였습니다. 예를 들어 하준이와 하영이의 사탕 병 안의 사탕이 각각 100개씩 있다면, 사탕의 변화는 다음과 같습니다. (사탕은 하준이가 먼저 나누어 주기로 합니다.)

[하준이와 하영이의 사탕 개수]

일자(d)	사탕 갯 수	
	하준(a)	하영(b)
처음상태	100	100
첫째 날	50	150
둘째 날	125	75
셋째 날	62	138

의 칸의 사탕을 상대방에게 나누어 줍니다.

사탕의 개수가 홀수일 때는 반으로 나눈 후 많은 쪽을 상대방에게 주기로 합니다. (예를 들어 둘째 날 하준이의 사탕 125개를 나누면 62와 63이 되므로 63개를 하영이에게 줍니다)

하준(a)

하영(b)

❖ 입력 : 하준이와 하영이의 처음 가지고 있는 사탕의 개수
사탕의 개수를 알고 싶은 날

···› 출력 : 사탕의 개수를 알고 싶은 날의 하준, 하영이가 가지고 있는 사탕의 개수

실행결과

File Edit Shell Debug Option Window Help

```
하준이가 처음 갖진 사탕 개수를 입력하세요: 100
하영이가 처음 갖진 사탕 개수를 입력하세요: 100
처음 사탕 개수 - 하준이 : 100, 하영이 : 100

며칠 후의 하준와 하영이의 사탕 개수를 알고 싶은가요? 3
1일 사탕 개수 - 하준이 : 50, 하영이 : 150
2일 사탕 개수 - 하준이 : 125, 하영이 : 75
3일 사탕 개수 - 하준이 : 62, 하영이 : 138

3일날 사탕 개수 - 하준이 : 62, 하영이 : 138
```

생각해 보기

하준이와 하영이의 사탕의 개수를 저장한 변수 : ______

사탕 개수를 알고 싶은 날을 저장한 변수 : ______

하준이가 하영에게 사탕을 줄 때

하영이의 사탕 개수 수식 : ______

하준이의 사탕 개수 수식 : ______

프로그램 코드

03_JUMP_05_사탕개수.py

File Edit Format Run Options Window Help

```python
a = int( input('하준이가 처음 갖진 사탕 개수를 입력하세요: ') )
b = int( input('하영이가 처음 갖진 사탕 개수를 입력하세요: ') )
print('처음 사탕 개수 - 하준이 : {}, 하영이 : {}\n'.format(a, b))

day = int( input('며칠 후의 사탕 개수를 알고 싶은가요? ') )

for i in range(1, day+1) :
    if i%2 == 1 :
        b = b + a//2 + a%2
        a = a//2
    else:
        a = a + b//2 + b%2
        b = b//2
    print('{}일 사탕 개수 - 하준이 : {}, 하영이 : {}'.format(i, a, b))

print('{}일날 사탕 개수 - 하준이 : {}, 하영이 : {}'.format(day, a, b))
```

Jump up

6. 주차장 관리 프로그램

총 N대의 자동차를 주차할 수 있는 주차장에 3분마다 자동차가 1대씩 들어오고, 5분마다 1대씩 나간다면, 주차장이 만차되는데 걸리는 시간이 얼마인지 계산하는 프로그램을 작성하세요.

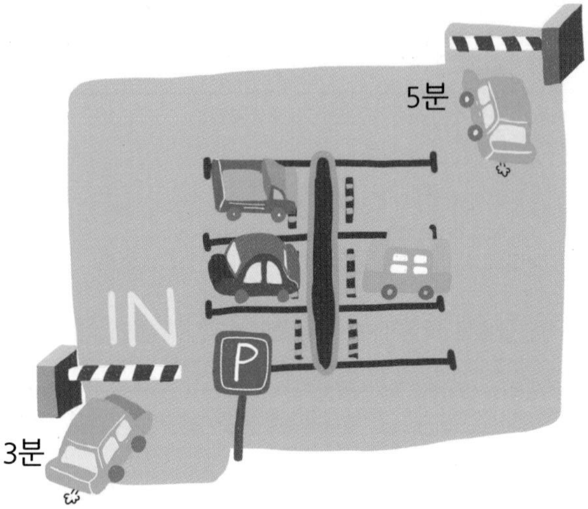

총 주차 대수 : 들어오는 자동차 :
나가는 자동차 : 만차되는 시간 :

❖ 입력 : 주차장의 총 주차가능 대수

⋯→ 출력 : 만차되는데 걸린 시간

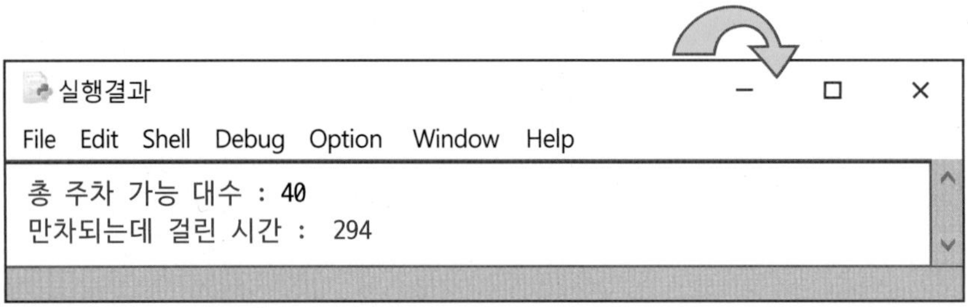

생각해 보기

총 주차대수가 저장된 변수 :

시간별 주차된 대수가 저장된 변수 :

걸린 시간이 저장되는 변수 :

만차되는 조건 :

주차대수가 증가하는 시간 :

주차대수가 감소하는 시간 :

프로그램 코드

03_JUMP_06_주차장.py

File Edit Format Run Options Window Help

```
1  total = int( input('총 주차 가능 대수 : '))
2  
3  parking = 0
4  time = 0
5  
6  while parking < total :
7      time += 1
8  
9      if time % 3 == 0:
10         parking += 1
11 
12     if time % 5 == 0 :
13         parking -= 1
14 
15     # print( '시간 : {}, 주차대수 : {}, 주차가능 대수 : {}'
16     #         .format(time, parking, total-parking) )
17 
18 print('만차되는데 걸린 시간 : ', time)
```

Tip. [15] 라인의 코드는 반복 과정 중 시간별 주차대수, 주차 가능 대수를 출력해 시간별 주차대수를 확인해보세요.

Jump up

7. 업 앤 다운 게임

1~100 까지의 자연수 중에서 컴퓨터가 설정한 숫자를 맞추는 게임프로그램을 작성하세요.

설정한 숫자가 입력된 숫자보다 크면 '업', 작으면 '다운'을 출력합니다. 설정한 숫자를 맞췄을 때 몇 번 만에 맞췄는지 함께 출력하고, 게임을 그만두고 싶으면 '0'을 입력하여 게임을 종료합니다.

❖ **입력 : 예상하는 숫자**

→ **출력 : 업 또는 다운**

성공 또는 실패 및 시도 횟수

실행결과

File Edit Shell Debug Option Window Help

```
업 앤 다운!! 1부터 100사이의 숫자를 맞춰보세요.
숫자를 입력하세요 : 50   ==> 업
숫자를 입력하세요 : 75   ==> 다운
숫자를 입력하세요 : 62   ==> 다운
숫자를 입력하세요 : 56   ==> 업
숫자를 입력하세요 : 59
성공입니다. 시도 횟수 : 5
```

생각해 보기

컴퓨터가 정한 수를 저장한 변수 :

입력하는 수를 저장한 변수 :

시도 횟수를 저장한 변수 :

게임에 성공하는 조건 :

게임에 실패하는 조건 :

프로그램 코드

03_JUMP_07_업앤다운게임.py

File Edit Format Run Options Window Help

```
import random

number = random.randint(1, 100)
guess = 0
tries = 0

print('업 앤 다운!! 1부터 100사이의 숫자를 맞춰보세요.')

while number != guess :
    guess = int ( input('숫자를 입력하세요 : ') )
    tries += 1

    if guess == 0 :
        break
    elif number > guess :
        print('업')
    elif number < guess :
        print('다운')

if number == guess :
    print('\n성공입니다. 시도 횟수 : ', tries)
else :
    print('\n실패입니다. 정답 : ', number)
```

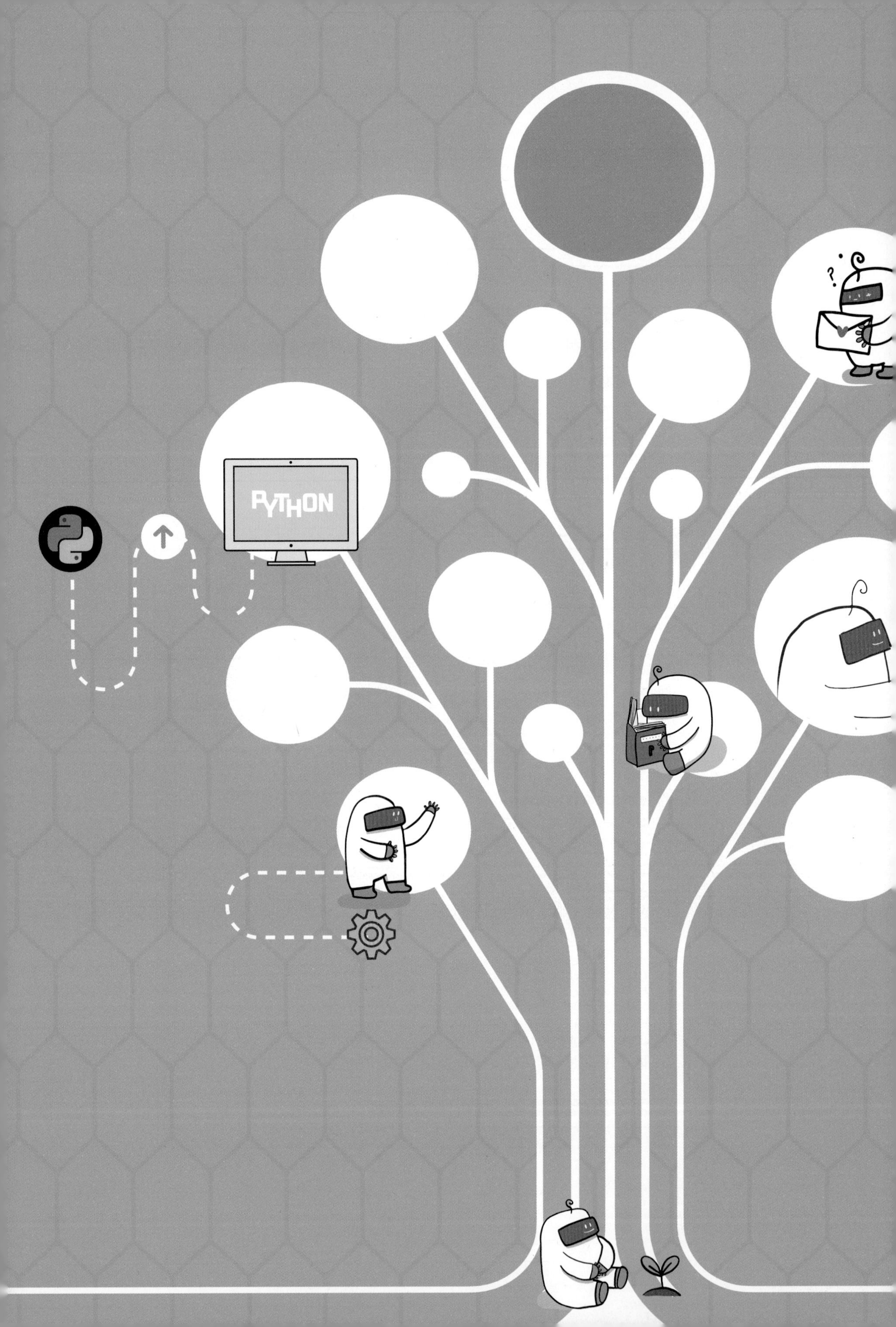
PYTHON

PART 04

파이트리 잎 번성하기
(복합 데이터 활용하기)

PYTHON
AS YOU THINK!!

Overview

우리는 데이터값 저장에 변수를 사용하는 것을 배웠습니다.

5개의 데이터를 저장하려면 변수를 5개 만들어 하나씩 저장해야 합니다.

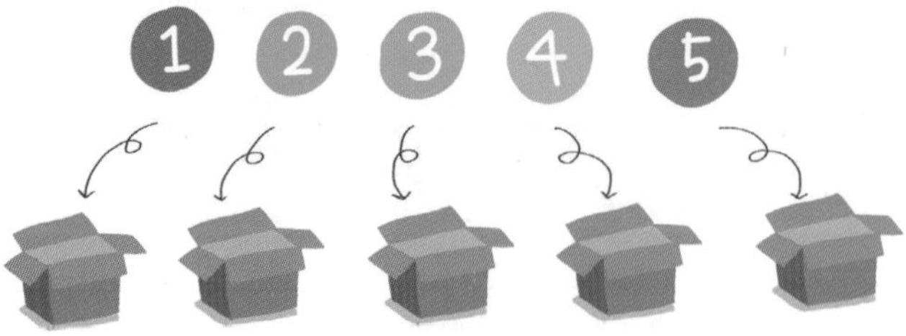

만약 저장할 데이터가 많으면 변수를 그만큼 생성해서 저장하면 될까요?

다량의 데이터를 저장해야 할 때 변수가 아닌 한 공간에 여러 개의 값을 저장할 수 있는 복합 데이터 타입을 사용하면 데이터 생성 및 관리가 쉬워집니다.

Part 2 에서 기본 데이터 타입인 숫자, 문자열, 논리에 대해 배웠습니다. 이번 장에서는 여러 개의 데이터를 저장할 수 있는 복합 데이터 타입의 리스트(List), 튜플(Tuple), 딕셔너리(Dictionary), 집합(Set)에 대해 알아보도록 하겠습니다.

배워볼까요?

❶ 여러 개의 자료를 저장하는 데이터 타입 알아보기

❷ 파이썬의 리스트와 튜플 익히기

❸ 파이썬의 딕셔너리와 집합 익히기

What

1. 복합 데이터란

학생의 출결 정보를 기록한 출석부, 가수와 곡명 및 순위 정보를 포함하는 순위 차트, 이름과 전화번호가 기록된 휴대폰 전화목록, 생일 파티에 초대할 친구 목록과 같이 우리는 여러 개의 데이터를 하나의 형태로 관리하고 있습니다.

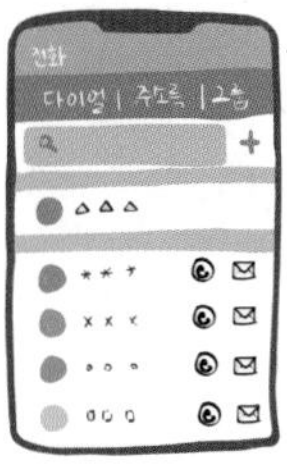

(휴대폰 전화목록)

(학급 출석부)

(이번 주 인기가요 순위)

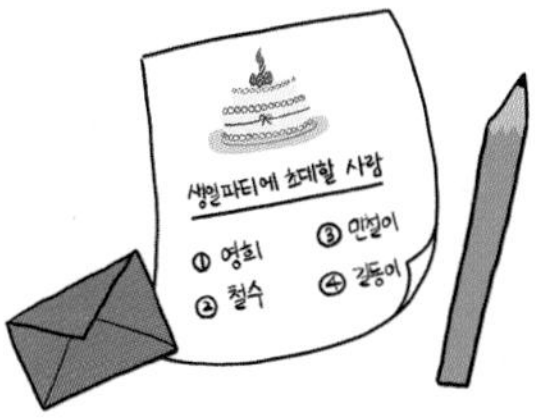

(생일 파티에 참석한 친구들)

이처럼 프로그래밍에서 여러 개의 데이터가 한 공간에 저장하는 데이터 타입을 복합 데이터라고 합니다.

파이썬에서는 리스트, 튜플, 딕셔너리, 집합과 같은 복합 데이터 타입을 제공합니다.

What

2. 데이터 타입의 종류

1 리스트 (List)

리스트란 여러 개의 데이터를 가진 순서형 자료로 자료를 수정할 수 있습니다.

Plus. 다른 프로그래밍 언어에서는 여러 개의 데이터를 저장하는 데이터 타입을 배열 Array 이라고 하기도 합니다. 파이썬에서는 리스트에 서로 다른 데이터 타입들을 저장할 수 있으나 프로그래밍 언어에 따라 정해진 한가지 데이터 타입들만 저장하도록 하는 경우도 있어요!

2 튜플 (Tuple)

튜플이란 여러 개의 데이터를 가진 순서형 자료로 자료 수정이 불가능합니다.

3 딕셔너리 (Dictionary)

딕셔너리란 여러 개의 데이터를 키와 값을 쌍으로 갖는 자료형입니다.

```
dct = {'apple' : '사과', 'banana' : '바나나', 'peach' : '복숭아'}
```

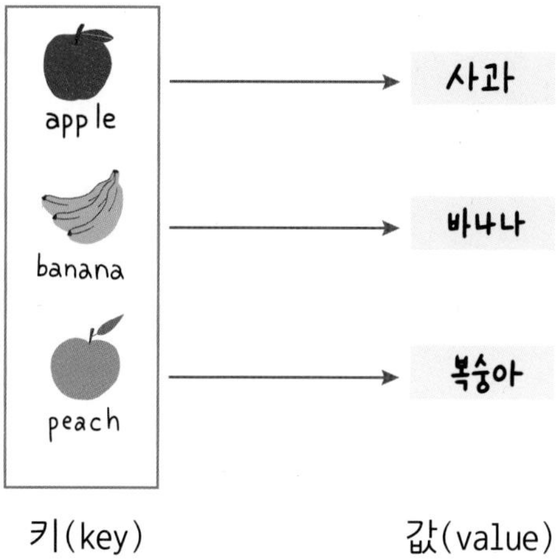

4 집합 (Set)

집합이란 여러 개의 데이터를 중복을 허용하지 않는 자료형입니다.

```
st = {'apple', 'banana', 'peach'}
```

Why

성적 합계를 구하는 프로그램을 작성하는데 데이터를 변수에 저장한 경우와 리스트에 저장한 경우를 비교하여 작성해 보겠습니다.

데이터를 변수에 저장한 경우	데이터를 리스트에 저장한 경우
std1_score = 50 std2_score = 60 std3_score = 70 std4_score = 30 std5_score = 40 std6_score = 80 std7_score = 80 sum =std1_score+std2_score+std3_score+ std4_score+std5_score+std6_score+std7_ score print(sum)	std_score=[50, 60, 70, 30, 40, 80, 80] sum = 0 for i in std_score: sum = sum + i print(sum)

위의 예제처럼 리스트를 사용하면 저장할 데이터 수만큼 변수를 생성하지 않고도 데이터를 저장/관리할 수 있습니다. 이로 인해 프로그래밍할 때 데이터 접근성과 처리가 용이하고 코드가 간결해지는 효과가 있습니다.

How

1. 순서대로 저장된 리스트

1 리스트 생성하기

리스트를 만들려면 항목 값을 ‘,’ (콤마)로 구분하여 [ ] 로 둘러쌉니다. 각 항목 값은 위치를 나타내는 인덱스(index) 순서대로 생성됩니다.

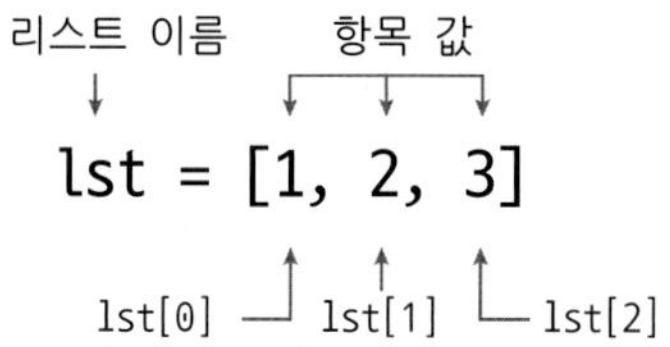


```
Python 3.8.5 Shell
File Edit Shell Debug Option Window Help
>>> lst = [1, 'Two', 3]
>>> print(lst)
[1, 'Two', 3]
```

1	'Two'	3
lst[0]	lst[1]	lst[2]

2 리스트 다루기

리스트의 항목은 인덱스를 사용하여 접근합니다. 인덱스는 문자열과 마찬가지로 0부터 시작해서 1씩 증가합니다.

① 인덱스로 리스트 항목 나타내기

```
Python 3.8.5 Shell
File Edit Shell Debug Option Window Help
>>> lst = [1, 'Two', 3]
>>> print(lst[1])
Two
```

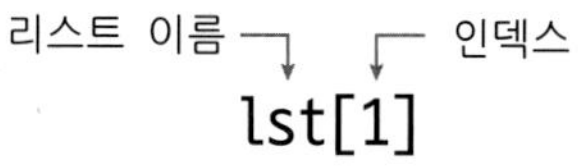

② 리스트의 항목 수 구하기

리스트의 항목 수는 len( ) 을 사용하여 구합니다.

```
Python 3.8.5 Shell
File Edit Shell Debug Option Window Help
>>> print( len(lst) )
3
```

1	'Two'	3
lst[0]	lst[1]	lst[2]

③ 리스트에 항목 값 유무 확인하기

in을 사용하여 리스트에 특정 항목 값이 포함되어 있는지 확인하여 True 혹은 False로 반환합니다.

```
Python 3.8.5 Shell
File Edit Shell Debug Option Window Help
>>> 'Two' in lst
True
>>> 2 in lst
False
```

1	'Two'	3
lst[0]	lst[1]	lst[2]

④ 리스트에서 항목 값의 인덱스 구하기

index()를 사용하여 리스트에서 항목 값의 인덱스를 구합니다. 항목 값이 없는 경우 오류가 발생하고, 2개 이상인 경우 작은 값의 인덱스를 반환합니다.

```
Python 3.8.5 Shell
File Edit Shell Debug Option Window Help
>>> print( lst.index('Two') )
1
```

1	'Two'	3
lst[0]	lst[1]	lst[2]

⑤ 리스트 항목 값 변경하기

```
Python 3.8.5 Shell
File Edit Shell Debug Option Window Help
>>> lst[1] = 2
>>> print(lst)
[1, 2, 3]
```

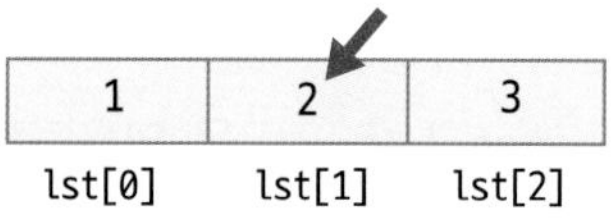

⑥ 다른 데이터 타입을 리스트로 변경하기

list()를 사용하여 다른 데이터 타입을 리스트로 변경합니다.

```
Python 3.8.5 Shell
File Edit Shell Debug Option Window Help
>>> word = 'Hello, Python'
>>> print(word)
Hello, Python
>>> word_lst = list(word)
>>> print(word_lst)
['H', 'e', 'l', 'l', 'o', ',', ' ', 'P', 'y', 't', 'h', 'o', 'n']
```

3 리스트 변경하기

리스트의 다양한 내장함수를 사용하여 리스트를 변경합니다.

① 항목 추가하기

append(항목_값) 을 이용하여 리스트에 값을 추가합니다.

```
Python 3.8.5 Shell
File Edit Shell Debug Option Window Help
>>> lst = [1, 2, 3]
>>> lst.append(5)
>>> print(lst)
[1, 2, 3, 5]
```

1	2	3	5
lst[0]	lst[1]	lst[2]	lst[3]

② 항목 삽입하기

append(인덱스, 항목_값) 을 이용하여 지정한 인덱스 위치에 값을 삽입합니다.

```
Python 3.8.5 Shell
File Edit Shell Debug Option Window Help
>>> print(lst)
[1, 2, 3, 5]
>>> lst.insert(3,4)
>>> print(lst)
[1, 2, 3, 4, 5]
```

1	2	3	4	5
lst[0]	lst[1]	lst[2]	lst[3]	lst[4]

③ 항목 가져오기

pop(인덱스) 로 인덱스의 항목 값을 가져오고 리스트에서는 삭제합니다. 이때, 인덱스를 생략하면 리스트의 가장 마지막 값을 가져옵니다.

```
Python 3.8.5 Shell
File Edit Shell Debug Option Window Help
>>> print(lst)
[1, 2, 3, 4, 5]
>>> print( lst.pop(3) )
4
>>> print(lst)
[1, 2, 3, 5]
```

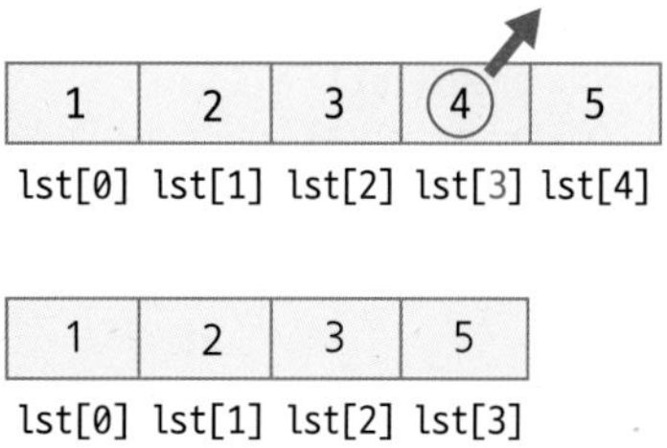

④ 항목 값 삭제하기

remove(항목_값) 로 리스트에서 항목 값을 삭제합니다.

```
Python 3.8.5 Shell
File Edit Shell Debug Option Window Help
>>> print(lst)
[1, 2, 3, 5]
>>> lst.remove(5)
>>> print(lst)
[1, 2, 3]
```

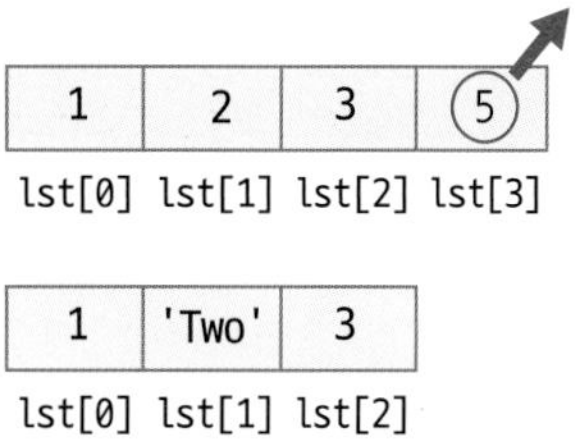

⑤ 리스트에 다른 리스트 확장하기

extend(리스트)로 리스트를 확장합니다.

```
Python 3.8.5 Shell
File Edit Shell Debug Option Window Help
>>> lst2 = [4, 5]
>>> lst.extend(lst2)
>>> print(lst)
[1, 2, 3, 4, 5]
```

1	2	3	4	5
lst[0]	lst[1]	lst[2]	lst[3]	lst[4]

⑥ 리스트의 모든 항목 삭제하기

clear()로 리스트의 모든 항목을 삭제합니다.

```
Python 3.8.5 Shell
File Edit Shell Debug Option Window Help
>>> lst.clear()
>>> print(lst)
[]
```

lst

4 리스트 연산하기

① + 연산

+ 연산자로 두 개의 리스트를 하나로 연결합니다.

```
Python 3.8.5 Shell
File  Edit  Shell  Debug  Option  Window  Help
>>> lst1 = ['one', 'two', 'three']
>>> lst2 = ['four', 'five', 'six']
>>> lst3 = lst1 + lst2
>>> print(lst3)
['one', 'two', 'three', 'four', 'five', 'six']
```

② * 연산

리스트와 정수를 * 로 연산하면 정수 값만큼 리스트를 반복합니다.

```
Python 3.8.5 Shell
File  Edit  Shell  Debug  Option  Window  Help
>>> lst1 = ['red', 'blue', 'yellow']
>>> print(lst * 3)
['red', 'blue', 'yellow', 'red', 'blue', 'yellow', 'red', 'blue', 'yellow']
```

Tip. 문자열과 같은 방법으로 리스트도 슬라이싱 할 수 있어요!

How

2. 변경할 수 없는 튜플

1 튜플 생성하기

튜플을 만들려면 항목 값을 ',' (콤마)로 구분하고 ( ) 로 둘러쌉니다. 각 항목 값은 위치를 나타내는 인덱스(index) 순서대로 생성됩니다.

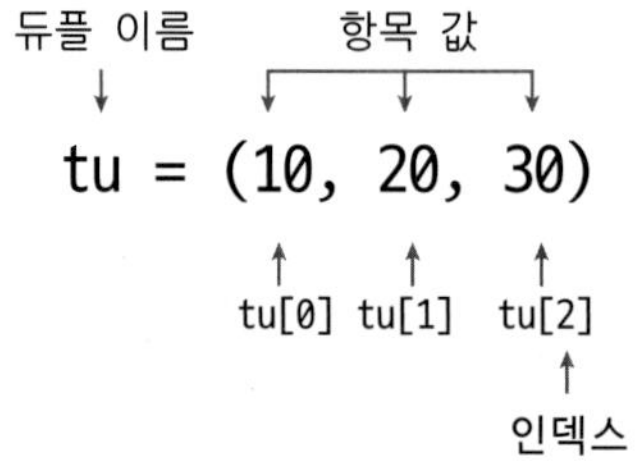

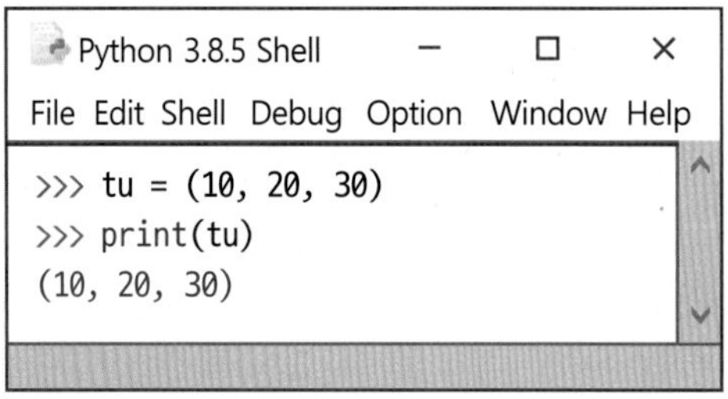

10	20	30
tu[0]	tu[1]	tu[2]

2 튜플 다루기

튜플은 리스트와 비슷하지만, 항목을 추가, 변경, 삭제할 수 없습니다.

리스트처럼 인덱스로 항목 값을 참조하거나 튜플끼리 연산하여 새로운 튜플을 만들 수 있습니다.

Python 3.8.5 Shell

File Edit Shell Debug Option Window Help

```
>>> tu1 = (10, 20, 30)
>>> print( tu1[1] )
20
>>> print( len(tu1) )
3
>>> 10 in tu1
True
>>> tu2 = ('forty', 'fifty')
>>> tu3 = tu1 + tu2
>>> print(tu3)
(10, 20, 30, 'forty', 'fifty')
>>> print( tu1*3 )
(10, 20, 30, 10, 20, 30, 10, 20, 30)
```

How

3. 키와 값으로 짝지은 딕셔너리

1 딕셔너리 생성하기

딕셔너리를 만들려면 ' : ' (콜론)으로 구분된 키와 값의 쌍으로 이루어진 데이터를 ',' (콤마)로 구분하고 { } 로 둘러쌉니다.

키 ↓ 값 ↓

```
dct = {'apple':'사과', 'banana':'바나나', 'peach':'복숭아'}
```

```
Python 3.8.5 Shell
File Edit Shell Debug Option Window Help
>>> dct = {'apple':'사과', 'banana':
'바나나', 'peach':'복숭아'}
```

'사과'	'바나나'	'복숭아'
dct['apple']	dct['banana']	dct['peatch']

2 딕셔너리 다루기

① 키로 딕셔너리 값 참조하기

```
Python 3.8.5 Shell
File Edit Shell Debug Option Window Help
>>> print ( dct['apple'] )
사과
```

② 딕셔너리의 항목 수 구하기

```
Python 3.8.5 Shell
File Edit Shell Debug Option Window Help
>>> print ( len(dct) )
3
```

③ 딕셔너리의 키의 유무 확인하기

```
Python 3.8.5 Shell
File  Edit  Shell  Debug  Option  Window  Help
>>> print ( 'banana' in dct )
True
>>> print ( 'orange' in dct )
False
```

④ 딕셔너리의 키에 해당하는 값 구하기

get() 을 사용하여 딕셔너리에서 키에 해당하는 값을 구합니다.

```
Python 3.8.5 Shell
File  Edit  Shell  Debug  Option  Window  Help
>>> print ( dct.get('peach') )
복숭아
```

⑤ 딕셔너리의 값 변경하기

```
Python 3.8.5 Shell
File  Edit  Shell  Debug  Option  Window  Help
>>> dct = { 'apple' : '애플', 'banana' : '바나나', 'peach' : '복숭아' }
>>> dct['apple'] = '사과'
>>> print(dct)
{'apple': '사과', 'banana': '바나나', 'peach': '복숭아'}
```

⑥ 딕셔너리 키 구하기

```
Python 3.8.5 Shell
File  Edit  Shell  Debug  Option  Window  Help
>>> dct = { 'apple' : '애플', 'banana' : '바나나', 'peach' : '복숭아' }
>>> print( dct.keys() )
dict_keys(['apple', 'banana', 'peach'])
```

⑦ 딕셔너리 값 구하기

```
Python 3.8.5 Shell
File  Edit  Shell  Debug  Option  Window  Help
>>> dct = { 'apple' : '애플', 'banana' : '바나나', 'peach' : '복숭아' }
>>> print( dct.values() )
dict_values(['사과', '바나나', '복숭아'])
```

⑧ 딕셔너리의 항목을 값과 키로 구하기

```
Python 3.8.5 Shell
File  Edit  Shell  Debug  Option  Window  Help
>>> dct = { 'apple' : '애플', 'banana' : '바나나', 'peach' : '복숭아' }
>>> print( dct.items() )
dict_items([('apple', '애플'), ('banana', '바나나'), ('peach', '복숭아')])
```

3 여로 방법으로 딕셔너리 만들기

① 키와 값으로 만들기

키와 값으로 dict() 을 사용하여 딕셔너리를 만들 수 있습니다. 이때, 키는 문자열이더라도 따옴표로 표시하지 않아요.

```
Python 3.8.5 Shell
File Edit Shell Debug Option Window Help
>>> dct = dict( apple = '사과', banana = '바나나', peach = '복숭아' )
>>> print(dct)
{'apple': '사과', 'banana': '바나나', 'peach': '복숭아'}
```

② 키 리스트와 값 리스트를 묶어서 만들기

자료형을 묶어주는 zip()을 사용하여 키와 값의 리스트를 묶어서 딕셔너리를 만들 수 있습니다.

```
Python 3.8.5 Shell
File Edit Shell Debug Option Window Help
>>> key = ['apple', 'banana', 'peach']
>>> value = ['사과', '바나나', '복숭아']
>>> dct = dict( zip(key, value) )
>>> print(dct)
{'apple': '사과', 'banana': '바나나', 'peach': '복숭아'}
```

③ 튜플과 리스트로 만들기

데이터타입이 튜플 형태로 이루어진 리스트를 이용하여 딕셔너리를 만들 수 있습니다. 이때 튜플은(항목, 항목)형태로 이루어져 있어야 합니다.

```
Python 3.8.5 Shell
File Edit Shell Debug Option Window Help
>>> dct = dict( [ ('apple', '사과'), ('banana', '바나나') ] )
>>> print(dct)
{'apple': '사과', 'banana': '바나나'}
```

4 딕셔너리 변경하기

① 항목 추가하기

setdefault()는 항목을 키와 값으로 추가할 수 있습니다.

Python 3.8.5 Shell

File Edit Shell Debug Option Window Help

```
>>> dct = { 'apple' : '사과', 'banana' : '바나나' }
>>> dct.setdefault('peach','복숭아')
>>> print(dct)
{'apple': '사과', 'banana': '바나나', 'peach': '복숭아'}
```

② 항목 삭제하기

pop(키) 로 키의 항목 값을 가져오고 딕셔너리에서는 삭제합니다. 이때, 딕셔너리에는 키로 값을 가져오기 때문에 리스트처럼 pop()로 키를 생략해서 사용 할 수 없습니다.

Python 3.8.5 Shell

File Edit Shell Debug Option Window Help

```
>>> d = { 'apple' : '사과', 'banana' : '바나나', 'peach' : '복숭아' }
>>> print( d.pop('apple') )
사과
>>> print(d)
{'banana': '바나나', 'peach': '복숭아'}
```

How

4. 값을 모아놓은 집합

1 집합 생성하기

집합을 만들려면 항목 값을 ‘,’ (콤마)로 구분하고 { } 로 둘러쌉니다.

집합 이름 → st, 항목 값 → 'apple', 'banana', 'peach'

```
st = {'apple', 'banana', 'peach'}
```

Python 3.8.5 Shell
File Edit Shell Debug Option Window Help

```
>>> st = {'apple', 'banana', 'peach'}
```

'apple'	'banana'	'peach'

2 집합 이해하기

키만 모아놓은 딕셔너리의 특수한 형태로 딕셔너리의 키는 중복되면 안 되므로 집합에 들어 있는 값도 유일합니다.

Python 3.8.5 Shell
File Edit Shell Debug Option Window Help

```
>>> st = {'apple', 'banana', 'peach'}
>>> print( len(st) )
3
>>> 'apple' in st
True
>>> 'orange' in st
False
>>> st.add('orange')
>>> print(st)
{'peach', 'banana', 'orange', 'apple'}
>>> st.remove('orange')
>>> print(st)
{'peach', 'banana', 'apple'}
>>> print( set('ABCDE') )
{'C', 'D', 'B', 'E', 'A'}
>>> print( set( [10, 20, 30, 40, 50] ) )
{40, 10, 50, 20, 30}
```

3 집합 연산

파이썬의 집합도 수학에서의 집합과 같이 합집합, 곱집합 및 차집합 등의 연산이 가능합니다.

set1 = {'A', 'B', 'C', 'D'}　　　　set2 = {B', 'D', 'x'}

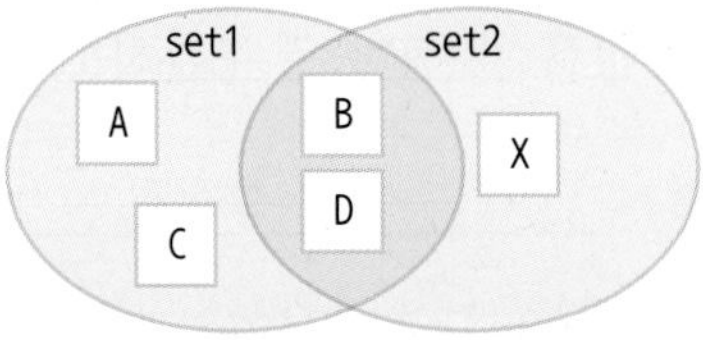

연산	연산자	내장함수	결과
곱집합	&	intersection()	>>> set1 & set2 {'B', 'D'}
합집합	¦	union()	>>> set1 ¦ set2 {'B', 'X', 'D', 'A', 'C'}
차집합	-	difference()	>>> set1 - set2 {'A', 'C'}
대칭차집합	^	symmetric_difference()	>>> set1 ^ set2 {'X', 'A', 'C'}

set3 = {'q', 'r', 'x', 'y', 'z'}　set4 = {'x', 'y', 'z'}

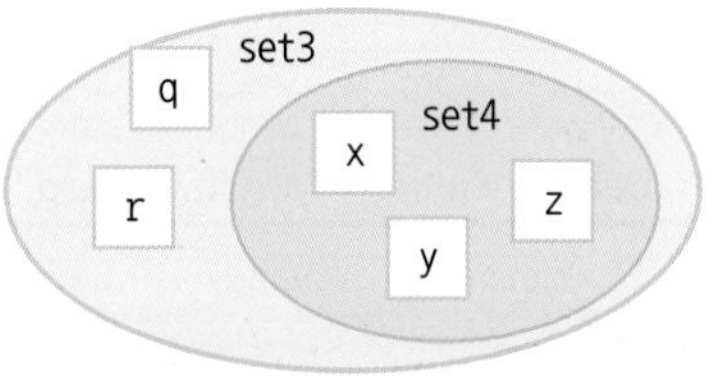

연산	연산자	내장함수	결과
부분집합	<=	issubset()	>>> set4 <= set3 True
진부분집합	<		>>> set4 < set3 True
상위집합	>=	issuperset()	>>> set3 >= set4 True
진상위집합	>		>>> set3 > set4 True

Understanding Concept

터틀 그래픽을 이용하여 리스트에 저장된 색깔로 변경하며 다음과 같은 그림을 그려봅시다.

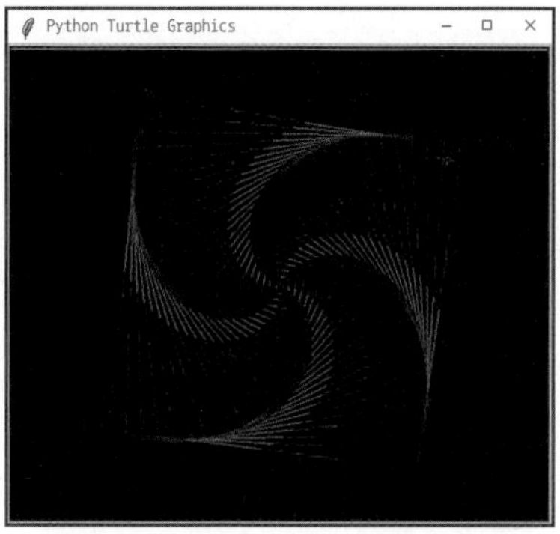

1 터틀 그래픽 설정하기

프로그램 코드

File Edit Format Run Options Window Help

```
import turtle

turtle.bgcolor('black')
turtle.speed(0)

```

터틀 그래픽을 사용하기 위해 turtle을 import 하여 색깔과 속도를 설정합니다.

2 색깔을 바꿔가며 그리기

프로그램 코드

File Edit Format Run Options Window Help

```
colors=['red','orange','blue','green']

for sz in range(100):
    for col in colors:
        turtle.color(col)
        turtle.forward(sz)
    turtle.left(89)
```

colors 리스트에 색상 키워드를 저장합니다. sz 변수를 0~99까지의 숫자로 변경하며 리스트에 저장된 순서대로 색깔을 변경하여 선을 그리고 회전합니다.

3 전체 코드 확인하기

프로그램 코드

File Edit Format Run Options Window Help

```
import turtle

turtle.bgcolor("black")
turtle.speed(0)

colors=['red','orange','blue','green']

for sz in range(100):
    for col in colors:
        turtle.color(col)
        turtle.forward(sz)
    turtle.left(89)
```

Finding Error

① 리스트를 생성하고 리스트의 항목 값을 꺼냈더니 에러가 발생하였습니다. 에러가 발생한 이유를 적어보세요.

Python 3.8.5 Shell

File Edit Shell Debug Option Window Help

```
>>> num_lst = ['one', 2, 'three', 'four']
>>> num_lst.pop(4)
Traceback (most recent call last):
  File "<pyshell#139>", line 1, in <module>
    num_lst.pop(4)
IndexError: pop index out of range
```

② 위에서 생성한 리스트의 항목을 삭제하려고 하였더니 에러가 발생하였습니다. 이유를 적어보세요.

Python 3.8.5 Shell

File Edit Shell Debug Option Window Help

```
>>> num_lst = ['one', 2, 'three', 'four']
>>> num_lst.remove('two')
Traceback (most recent call last):
  File "<pyshell#140>", line 1, in <module>
    num_lst.remove('two')
ValueError: list.remove(x): x not in list
```

Explanation

① 리스트 메서드 pop() 은 pop(index) 를 가르키는데 num_lst에 인덱스가 3까지밖에 없기 때문에 IndexError 가 발생하였습니다.

② 리스트 메서드 remove() 은 remove(value) 이므로 num_lst 에 'two'가 없어서 ValueError가 발생하였습니다.

Checking Point

01. 복합 데이터 타입 중 변경이 가능한 것을 모두 고르시오.

(리스트, 튜플, 딕셔너리, 집합)

02. 리스트에 저장된 항목 값을 차례대로 출력하도록 [   ] 을 채워보세요.

프로그램 코드

File Edit Format Run Options Window Help

```
colors = ['red', 'blue', 'yellow']

for [     ] in [     ]:
    print (x)
```

실행결과

File Edit Shell Debug Option Window Help

```
red
blue
yellow
```

03. 5개의 점수를 입력받아 리스트에 저장하고 평균을 구하는 프로그램을 작성해 보세요.

실행결과

File Edit Shell Debug Option Window Help

```
점수[1] : 90
점수[2] : 95
점수[3] : 100
점수[4] : 80
점수[5] : 88
average :  90.6
```

04. 복합 데이터 타입 별 이름과 정의를 문제로 내기 위해 딕셔너리로 저장하고 하나씩 문제를 풀어보는 프로그램을 완성해 보세요.

프로그램 코드

File Edit Format Run Options Window Help

```
problems  = \
   {'리스트': '변경이 가능한 여러 데이터를 가진 순서형 데이터 타입',
    '튜플'  : '변경이 불가능한 여러 데이터를 가진 순서형 데이터 타입',
    '딕셔너리': '여러 데이터를 키와 값의 쌍으로 갖는 데이터 타입',
    '집합'  : '중복이 허용하지 않는 여러 데이터를 가진 데이터 타입'}
for key in problems.keys() :

```

실행결과

File Edit Shell Debug Option Window Help

```
변경이 가능한 여러 데이터를 가진 순서형 데이터 타입 은 무엇인가요?
답 > 집합
정답이 아닙니다. 다시 입력하세요.
답 > 리스트
정답입니다.
```

Jump up

1. 놀이공원 이용 구매 금액 계산

놀이공원에 간 지우네 가족은 이용권을 구매하려고 합니다.

놀이공원 이용권이 〈보기〉와 같다면, 지우네 가족이 구매해야할 이용권 총 비용을 계산하는 프로그램을 작성하세요.

구분	나이	비용
유아	7세 이하	무료
어린이	8~13세	5,000원
청소년	14~19세	7,000원
성인	20세 이상	9,000원

구분	비용
아빠	48
엄마	45
오빠	19
지우	13
동생	5

❖ **입력 : 가족 구성원들의 나이를 순서대로 입력, 더 이상 입력할 가족이 없으면 '-1'**

⋯› **출력 : 구매해야 할 이용권의 총비용**

실행결과

File Edit Shell Debug Option Window Help

```
[1] 나이를 입력하세요 : 48
[2] 나이를 입력하세요 : 45
[3] 나이를 입력하세요 : 19
[4] 나이를 입력하세요 : 13
[5] 나이를 입력하세요 : 5
[6] 나이를 입력하세요 : -1

구분별 인원수  : {'유아': 1, '어린이': 1, '청소년': 1, '성인': 2}
총 이용권 비용 : 30000
```

생각해 보기

구분별 인원수를 저장할 데이터 타입 : ______

이용권 비용을 저장하는 변수 : ______

프로그램 코드

04_JUMP_01_놀이공원이용권구매.py

File Edit Format Run Options Window Help

```
table = {'유아':0, '어린이':0, '청소년':0, '성인':0}
cost = 0
i = 0

print('가족들의 나이를 입력 (종료 : -1)')

while True :
    i += 1
    a = int( input('[{}] 나이를 입력하세요 : '.format(i) ) )

    if a < 0 :
        break
    elif a <= 7 :
        table['유아'] += 1
        cost += 0
    elif a <= 13:
        table['어린이'] += 1
        cost += 5000
    elif a <= 19:
        table['청소년'] += 1
        cost += 7000
    else :
        table['성인'] += 1
        cost += 9000

print('구분별 인원수  :', table)
print('총 이용권 비용 :', cost)
```

Jump up

2. 주사위 게임

다음 주사위 3개를 던져서 다음의 〈게임 규칙〉에 따라 점수를 받는 게임을 하려고 합니다. 나온 결과에 따라 점수를 계산하는 프로그램을 작성하세요.

[게임 규칙]

① 같은 눈이 3개 나오면 100점 + (같은 눈) * 10점의 점수를 받는다.
② 같은 눈이 2개 나오면 10점 + (같은 눈) * 1점의 점수를 받는다.
③ 같은 눈이 없으면 (가장 큰 눈) * 1점의 점수를 받는다.

❖ 입력 : 주사위 숫자 3개를 1~6 무작위 수로 정함

···› 출력 : 게임 점수를 출력

생각해 보기

주사위 숫자의 개수가 저장되는 리스트 이름 :

주사위 숫자가 가장 큰 숫자가 저장 될 변수 이름 :

리스트의 인덱스 i의 값이 3일 때 점수 계산식 :

리스트의 인덱스 i의 값이 2일 때 점수 계산식 :

프로그램 코드

04_JUMP_02_주사위게임.py

File Edit Format Run Options Window Help

```python
import random

dice = [0, 0, 0, 0, 0, 0]

for i in range(1, 4) :
    d = random.randint(1, 6)
    print( '{}번째 주사위의 값 : {}'.format(i, d) )
    dice[d-1] += 1                  # 인덱스 : '주사위 값-1'

print('주사위 횟수: ', end ='')
for i in range(6) :
    print( '[{}:{}]'.format(i+1, dice[i]), end=' ' )

largest = 0
score = 0

for i in range(6):
    if dice[i] == 3 :
        score = 100 + (i+1) *10  # 주사위 값 : 인덱스+1
        break
    elif dice[i] == 2 :
        score = 10 + (i+1) *1    # 주사위 값 : 인덱스+1
        break
    elif dice[i] == 1 :
        largest = i+1            # 주사위 값 : 인덱스+1

if score == 0 :
    score = largest

print('\n점수 :', score)
```

Jump up

3. 숫자 세기 게임

다음과 같이 화면에 나타난 숫자 중 컴퓨터가 물어보는 숫자가 몇 개 출력되었는지 확인하는 '숫자 세기 게임'입니다. 아래의 게임 방법을 참고하여 '숫자 세기 게임' 프로그램을 작성하세요.

[게임 방법]

① 화면에 나오는 숫자는 0 ~ 9의 사이 숫자만 사용합니다.
② 컴퓨터가 물어보는 숫자의 총 개수를 입력까지 걸린 시간을 확인합니다.
③ 걸린 시간이 적은 친구가 승리합니다.

❖ 입력 : 0~9 숫자 중 임의의 숫자

⋯› 출력 : 입력한 값이 맞는지, 틀리는지 확인 및 값 입력까지 걸린 시간 출력

실행결과

File Edit Shell Debug Option Window Help

```
3 8 2 6 3 2 6 0 1 6
8 0 9 1 4 9 9 0 7 0
2 8 1 4 4 5 4 7 2 3
6 2 4 3 4 4 6 2 1 5
5 6 7 6 0 5 9 3 1 3

8 의 갯수는 : 3
Correct!! Time :  3.7662765979766846
```

Tips. 걸린 시간 구하기

time 모듈을 이용하여 시작 시간과 끝나는 시간을 각각 구해 차이를 구합니다.

프로그램 코드

File Edit Format Run Options Window Help

```
import time

start = time.time()
# 실행 코드
end = time.time()

duration = end - start  # 걸린시간(초)
```

생각해 보기

컴퓨터가 정한 숫자를 저장하는 변수 : [ ]

숫자의 개수가 저장되는 변수 : [ ]

프로그램 코드

04_JUMP_03_숫자세기게임.py

File Edit Format Run Options Window Help

```python
import random
import time

number = random.randint(0,9)
count = 0

for i in range(5) :
    for j in range(10) :
        n = random.randint(0,9)
        print(n, end=' ')
        if n == number :
            count += 1
    print()

start=time.time()
ans = int (input('\n{} 의 갯수는 : '.format(number)))
end=time.time()

duration = end-start

if count == ans :
    print('딩동댕!! 걸린 시간 : ', duration)

else :
    print(' 개수가 맞지 않아요. 걸린 시간 : ', duration)
```

Jump up

4. 5자리 우편번호로 구를 판별

2015년 8월 우편번호는 다음과 같은 체계로 변경되었습니다. 우편번호를 이용하여 어느 구인지 판별하는 프로그램을 작성해 보세요.

< 변경된 우편번호 체계 >

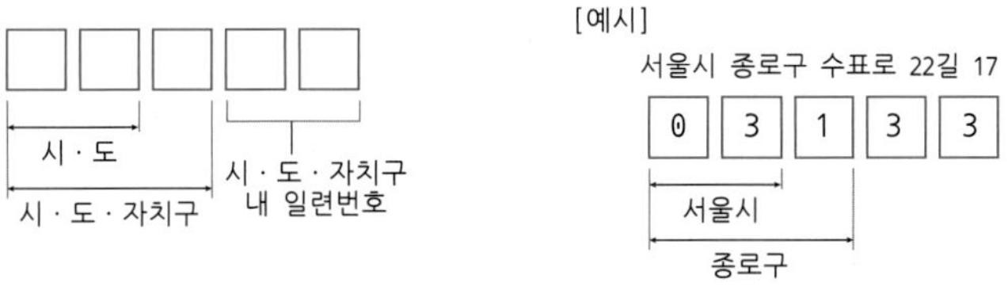

		0	1	2	3	4	5	6	7	8	9
서울	01	강북구			도봉구			노원구			
	02	중랑구				동대문구			성북구		
	03	종로구			은평구			서대문구			마포구
	04	마포구			용산구		중구		성동구		광진구
	05	광진구		강동구			송파구				
	06	강남구					서초구				동작구
	07	동작구		영등포구			강서구				양천구
	08	양천구		구로구			금천구		관악구		
	09										

다음 04로 시작하는 5자리 우편번호를 입력받고 구를 판별하는 프로그램을 작성 후 표의 빈칸을 채우세요.

❖ **입력 :**

우편번호	구	우편번호	구
04370		04700	
04143		04922	

···› **출력 : 입력받은 우편번호가 어느 구의 우편번호인지 출력**

```
실행결과
File  Edit  Shell  Debug  Option  Window  Help

우편번호 5자리 (04로 시작) : 04143
마포구
```

생각해 보기

입력한 우편번호의 문자열을 저장하는 변수 : ______

우편번호 문자열에서 확인해야 하는 문자의 인덱스 : ______

프로그램 코드

```python
# 04_JUMP_04_우편번호.py
postcode = input('우편번호 5자리 (04로 시작) : ')

if not ( postcode[0] == '0' and postcode[1] == '4' ) :
    print("'04'로 시작하는 우편번호를 입력해 주세요.")
else :
    if postcode[2] in {'0', '1', '2'} :
        print('마포구')
    elif postcode[2] in {'3', '4'} :
        print('용산구')
    elif postcode[2] in {'5', '6'} :
        print('중구')
    elif postcode[2] in {'7', '8'} :
        print('성동구')
    elif postcode[2] in {'9'} :
        print('광진구')
```

Jump up

5. 영어 단어장

뜻과 영어 단어를 저장한 딕셔너리를 만들어 영어 단어 테스트 프로그램을 작성해 보세요.

무작위로 한글 뜻을 가져와 영어 단어를 입력하여 맞으면 딕셔너리에서 삭제하고 틀리면 다시 입력합니다. 딕셔너리 모든 값의 테스트가 완료되면 프로그램을 종료합니다.

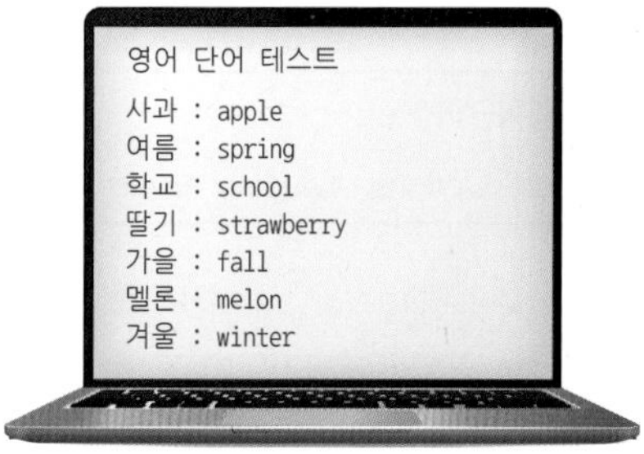

❖ 입력 : 한글 뜻

⋯› 출력 : 한글 뜻의 영어 단어

Tip. 영어 단어를 맞추면 딕셔너리에서 값을 삭제해요. 딕셔너리의 데이터가 있으면 True, 없으면 False이므로 딕셔너리가 True인 동안 while 문을 반복합니다.

실행결과

File Edit Shell Debug Option Window Help

```
영어 단어 테스트 - 한글 뜻에 해당하는 영단어를 입력하세요
사과 : apple
봄 : sprng
!!!! 다시 입력하세요.
봄 : spring
...

모든 단어의 테스트가 완료되었습니다.
```

생각해 보기

뜻과 영어 단어를 저장할 데이터 타입 :

딕셔너리의 키를 리스트로 변환하여 무작위로 선택 :

프로그램 코드

04_JUMP_05_영어단어장.py

File Edit Format Run Options Window Help

```
import random

eng_dict = { '사과'   : 'apple',      '바나나' : 'banana',
             '복숭아' : 'peach',      '오렌지' : 'orange',
             '딸기'   : 'strawberry', '멜론'   : 'melon',
             '학교'   : 'school',     '책'     : 'book',
             '봄'     : 'spring',     '여름'   : 'summer',
             '가을'   : 'fall',       '겨울'   : 'winter'
             }

print('영어 단어 테스트 - 한글 뜻에 해당하는 영단어를 입력하세요')

while eng_dict :
    word = random.choice( list(eng_dict.keys()) )

    while True :
        word_input = input( '{} : '.format(word) )
        if word_input == eng_dict[word] :
            eng_dict.pop(word)
            break
        else :
            print('!!!! 다시 입력하세요.')

print('모든 단어의 테스트가 완료되었습니다.')
```

Python Philosophy

파이썬은 어떤 철학으로 만들어졌을까요?

import this를 해 보세요!!!
아래 같은 내용이 나온답니다..
The Zen of Python, by Tim Peters 파이썬의 선, 팀 피터

Beautiful is better than ugly.
아름다움이 추한 것보다 낫다.
Explicit is better than implicit.
명확함이 함축된 것보다 낫다.
Simple is better than complex.
단순함이 복잡한 것보다 낫다.
Complex is better than complicated.
복잡함이 난해한 것보다 낫다.
Flat is better than nested.
단조로움이 중첩된 것보다 낫다.
Sparse is better than dense.
여유로움이 밀집된 것보다 낫다.
Readability counts.
가독성은 중요하다.
Special cases aren't special enough to break the rules.
규칙을 깨야 할 정도로 특별한 경우란 없다.
Although practicality beats purity.
비록 실용성이 이상을 능가한다고 하더라도.
Errors should never pass silently.
오류는 결코 조용히 지나가지 않는다.
Unless explicitly silenced.
알고도 침묵하지 않는 한.
In the face of ambiguity, refuse the temptation to guess.
모호함을 마주하고 추측하려는 유혹을 거절하라.
There should be one-- and preferably only one --obvious way to do it.
문제를 해결할 하나의 - 바람직하고 유일한 - 명백한 방법이 있을 것이다.
Although that way may not be obvious at first unless you're Dutch.
비록 당신이 우둔해서 처음에는 명백해 보이지 않을 수도 있겠지만.
Now is better than never. 지금 하는 것이 전혀 안 하는 것보다 낫다.
Although never is often better than right now.
비록 하지 않는 것이 지금 하는 것보다 나을 때도 있지만.
If the implementation is hard to explain, it's a bad idea.
설명하기 어려운 구현이라면 좋은 아이디어가 아니다.
If the implementation is easy to explain, it may be a good idea.
쉽게 설명할 수 있는 구현이라면 좋은 아이디어일 수 있다.
Namespaces are one honking great idea -- let's do more of those!
네임스페이스는 정말 대단한 아이디어다. -- 자주 사용하자!

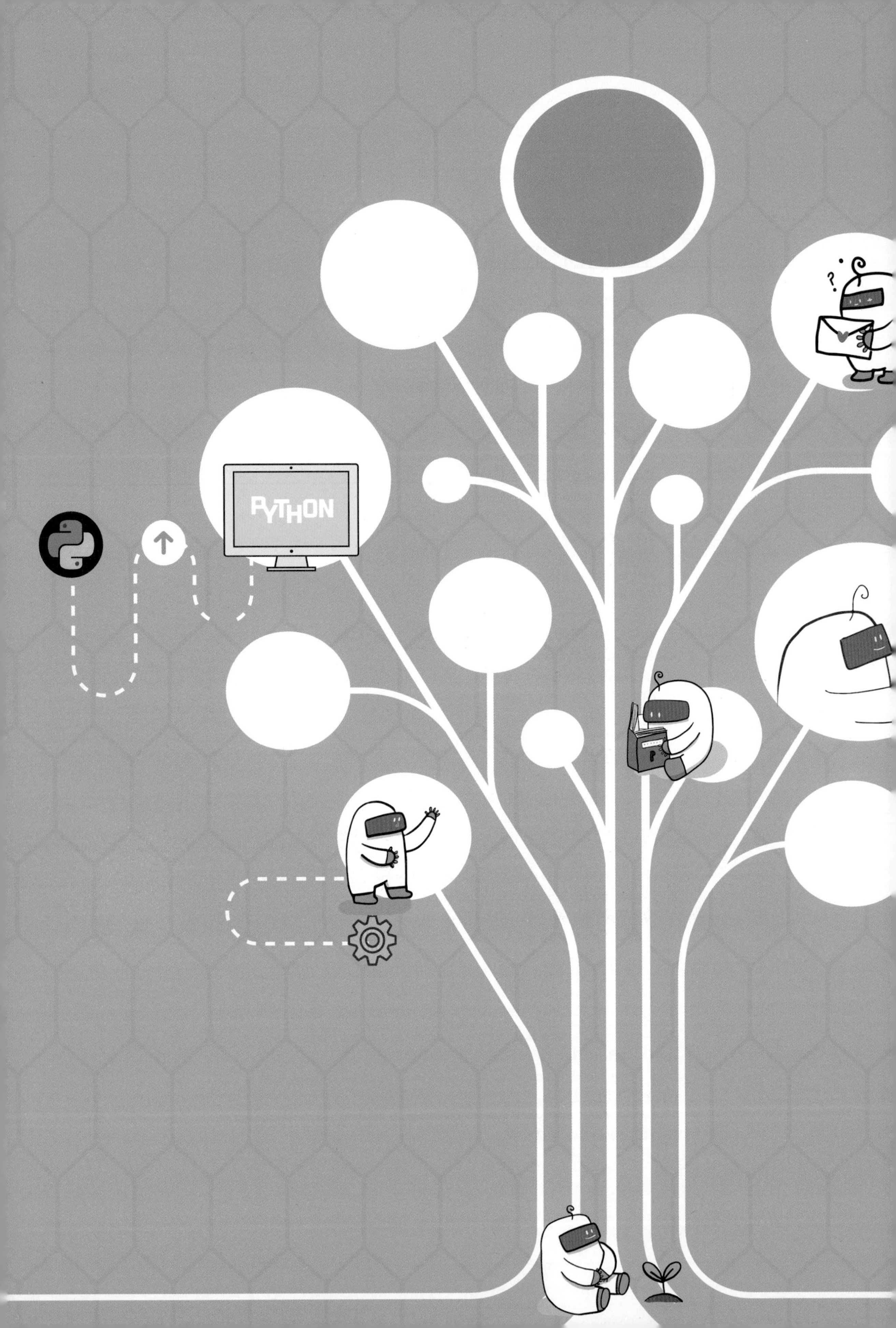
PYTHON

PART 05

파이트리 가지 정리하기

(함수와 모듈로 체계화하기)

PYTHON
AS YOU THINK!!

지금까지 파이썬에 대한 기초 사항부터 기본 데이터와 데이터 저장을 위한 변수, 제어를 위한 조건문/반복문, 복합 데이터 구조인 리스트, 튜플, 딕셔너리를 배웠습니다. 이런 부분은 언어별로 약간의 차이가 있지만 대부분 비슷한 구조로 되어 있어 하나의 프로그래밍 언어의 특성을 잘 이해하고 사용할 수 있으면 다른 언어도 쉽게 배울 수 있습니다.

한 그루의 나무는 씨앗을 뿌려 뿌리를 내리고 몸통이 자라 잎이 돋아나게 되면 성장을 마칩니다.

프로그래밍 역시 지금까지 배운 것만으로도 프로그램을 만드는 데 문제는 없습니다. 하지만 가지가 너무 많거나 잎이 무성하면 나무가 건강하게 오래 살기 어려워 가지치기를 통해 관리가 필요한 것처럼 프로그램 역시 코드를 간결하게 하고 재사용성을 높여 관리와 사용의 효율성과 효과성을 높이는 것이 좋습니다.

이제부터 이런 방법에 사용되는 함수와 모듈에 대해 알아보도록 하겠습니다.

배워볼까요?

❶ 함수 이해하고 사용해보기

❷ 모듈 이해하고 사용해보기

PART 05

1 함수 알아보기

What

1. 함수란(function)?

B 카페에서 오렌지 주스를 주문받으면, [오렌지 주스 만들기] 단계를 실행하여 주스를 만들어 제공합니다.

[오렌지 주스 만들기] 단계

① 오렌지를 믹서기에 넣는다.
② 믹서기를 작동시켜 오렌지를 간다.
③ 완성된 주스를 컵에 담는다.

이처럼 반복적으로 사용할 어떤 일의 묶음에 이름을 붙여 필요할 때 불러 사용하면 편리한데 프로그래밍에서 자주 사용되는 코드를 미리 만들어 두고 필요할 때 불러서 사용하는 기능을 함수(Function)라고 합니다.

What

2. 파이썬 함수 종류

파이썬은 입출력 기능을 구현하는 input()/print() 함수와 같이 많이 사용하며 중요한 기능들을 미리 만들어 제공하고 있는데 이런 함수들을 내장함수라고 합니다.

이외에도 내장함수로 제공되지 않지만, 프로그램을 만드는 사람이 자주 사용할 기능을 직접 함수를 만들어 사용할 수도 있는데 이것을 사용자정의함수라고 합니다.

내장함수

파이썬 언어에서 미리
만들어 제공하는 함수
print(), input(), max()...

사용자정의함수

사용자가 직접 만드는 함수
Def키워드를사용하여 코드블록에
이름을 붙임

Tip. 유용한 내장함수를 잘 알아두면 코드를 빠르고 쉽게 작성할 수 있으니 내장함수를 꼭 한 번 살펴보도록 합니다.

Why

함수는 왜 사용할까요? 함수는 공통 작업을 하는 명령 코드를 하나의 기능으로 만들어 재사용하거나 좀 더 체계적으로 간단하게 코드를 만들 때 사용합니다.

만약 게임 프로그램을 만들 때 등장하는 캐릭터의 동작들을 캐릭터마다 일일이 선언해야 한다면 코드가 얼마나 복잡할까요? 더군다나 동작이 많아질 때는 어떤 동작을 하는지 구분하기도 어려울 수 있습니다.

함수를 사용하지 않는 경우	함수를 사용한 경우

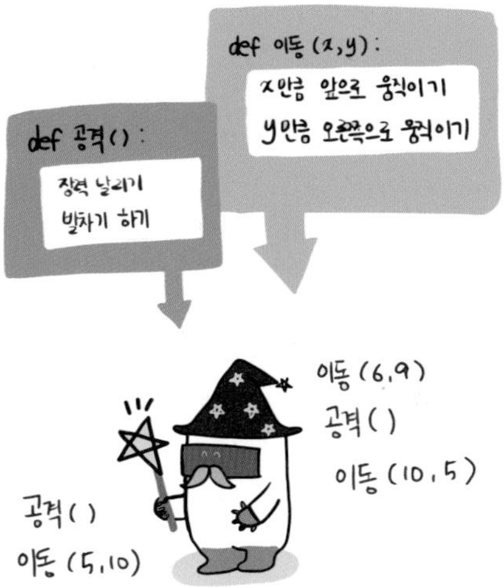

이럴 때 함수를 사용하면 코드가 간결해지며 호출된 함수 이름을 통해서 프로그램의 흐름을 일목요연하게 볼 수 있는 장점이 있습니다.

이제 함수를 직접 만들고 사용하는 방법에 대해 알아보도록 할까요?

How

1. 함수. 어떻게 만들고 어떻게 사용할까?

1 함수 이렇게 만들어요

```
def 함수이름(매개변수) :
    # 명령 코드 블럭
    return 반환값
```

들여쓰기

이렇게 만들어요

```
함수이름(인수)
```

이렇게 사용해요

① 함수를 정의할 때는 정의(definition)를 줄인 키워드 def 키워드를 사용하고 반환 값이 있는 경우 return 키워드를 사용하여 값을 반환합니다.

② 함수 이름 다음에 괄호 ()를 붙입니다.
괄호 안에는 함수 사용 시 호출call로부터 전달된 매개변수(parameter)가 있는 경우도 있고 없는 경우도 있습니다.

③ 괄호 다음에 콜론(:) 붙입니다

④ 콜론 다음 줄부터는 명령 코드 블록 구간으로 들여쓰기를 적용하여 작성합니다

2 함수 이렇게 사용해요

def를 이용해 정의한 '함수이름(인수)' 와 같은 형태로 사용합니다

How

2. 예제로 함수 살펴보기

함수를 만들고 사용하는 방법을 예제를 이용하여 좀 더 자세히 살펴볼까요?

두 개의 숫자를 입력하면 둘 중 어떤 숫자가 큰지 알아보는 함수 프로그램을 만들어보려고 합니다.

함수 정의하기

함수 이름 (find_max) / 매개변수 (a, b)

```
def find_max(a, b) :
    if (a > b) :
        y = a
    else :
        y = b
    return y
```

들여쓰기 (indented block) / 명령코드 블럭 (if … y = b) / 반환값 (return y)

- 매개변수는 없거나 여러 개일 수 있어요.
- 함수 정의 시 입력된 매개변수에 맞추어 사용해야 해요.
- return은 반환 값이 없을 때는 생략 가능해요.

함수 사용하기

함수 이름 (find_max) / 인수 (3, 5)

```
find_max (3, 5)
```

- 함수 호출 시 인수 값은 목적에 따라 없기도 해요.

파이썬 함수는 함수를 정의하고 그 함수를 호출하는 형태로 사용됩니다. 함수 호출은 반드시 함수가 정의 된 후에 해야 합니다.

Check.

두 개의 [   ] 에는 무엇이 들어가며 이 프로그램의 실행 결과는 무엇인지 적어보세요.

프로그램 코드

File Edit Format Run Options Window Help

```
def [    ]( x , y ) :
    result = x + y
    return [    ]

print(add( 3, 8 ))
```

실행화면

How

3. 함수에 입력된 값이나 결괏값을 나타내는 방법 알아보기

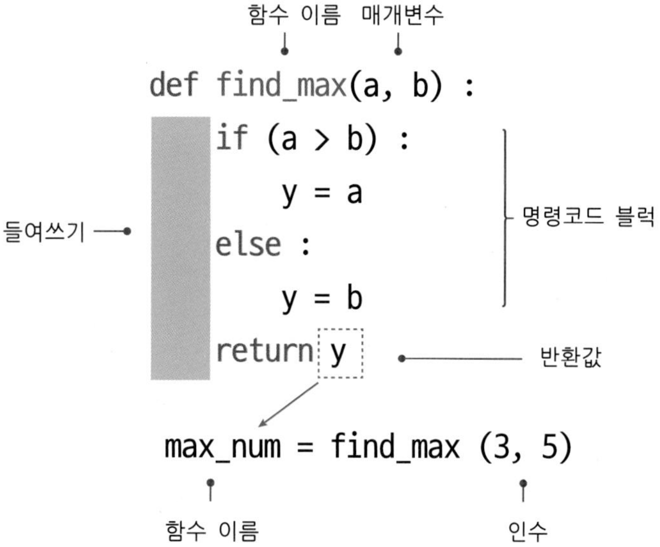

1 함수에 값을 전달해요 – 인수(argument)

함수를 호출할 때 함수에 전달할 값을 인수라 하고 함수의 괄호 안에 전달할 값의 개수만큼 적습니다. 위 예제에서 find_max(3 , 5)에서 3과 5가 인수입니다.

2 함수에 값을 받아요 – 매개변수(parameter)

함수 호출 시 전달한 인수를 함수 이름 옆의 괄호 안 매개변수로 받습니다. 위 예제에서 함수 정의 부분의 find_max(a, b)에서 a와 b가 매개변수입니다.

일반적으로는 인수 개수와 매개변수 개수가 같지만, 간혹 가변매개변수를 사용하는 때도 있어 반드시 일치하는 것은 아닙니다.

3 함수 결과를 전달해요 – 반환(return)

함수가 실행된 후 결괏값을 호출한 함수에 전달해야 할 경우 return 키워드를 사용하여 반환 값을 전달하며 반환 값은 함수를 호출한 곳으로 전달됩니다. 위 예제에서 return y의 y가 반환 값이며 y는 max_num 변수에 할당됩니다.

Check.

다음 프로그램의 실행 결괏값을 먼저 생각해보고 실제 프로그램을 실행시켜서 그 결과를 확인해보세요. 그리고 각각의 함수에서 인수와 매개변수, 반환 값을 적어보세요.

프로그램 코드

File Edit Format Run Options Window Help

```
def A ( x ) :
    return x + 2

def B ( y ) :
    y = y + 1
    return A( y * 2 )

def C ( z ) :
    return B( z + 4 )

print( C ( 5 ) )
```

함수호출	인수	매개변수	반환 값
C (5)	5	z	

* 색상이 같은 곳은 내용이 같습니다.

How

4. 비슷한 듯 다른 형태의 함수! 왜 다를까?

햄버거를 사러 가게에 방문하였습니다.

햄버거를 먹으려면 메뉴를 보고 주문을 한 후 돈을 지불합니다. 햄버거 주문과 관련된 기능을 메뉴 함수, 주문함수, 지급함수 세 가지로 만들어볼까요?

다음에서 정리한 것처럼 각 함수별로 기능의 특성에 따라 매개변수와 반환 값이 있기도 하고 없기도 합니다.

메뉴 함수	주문 함수	지불 함수
메뉴 기능은 메뉴 내용만을 보여줍니다. 이런 경우 함수를 호출할 때 함수에 어떤 값을 전달할 필요가 없으므로 매개 변수도 반환값도 필요하지 않습니다.	주문 기능은 주문하는 사람마다 내용이 다를 것입니다. 그래서 함수를 호출할 때 선택한 메뉴 값을 함수에 전달해야 합니다. 이런 경우에는 매개변수가 필요합니다.	지불기능은 보통 주문한 내용에 따라 지불 금액이 달라지므로 그것을 계산한 다음 결괏 값을 알려줘야 합니다. 이런 경우 매개변수와 반환 값이 필요합니다.

def 메뉴():
    print('메뉴내용')
	def 주문(매개변수):
	    print('주문버거',매개변수)
		def 지불(매개변수):
		    # 가격 계산
		    return price

위에서 내린 기능 정의를 실제 코딩해 보면 다음과 같습니다.

함수명	메뉴 함수 - menu()

함수 정의	def menu():
	    print('버거 메뉴입니다')
	    print('1.새우버거')
	    print('2.치킨버거')
	    print('3.맥버거')

함수 호출	menu()
실행 결과	버거 메뉴입니다 1.새우버거 2.치킨버거 3.맥버거

함수명	주문 함수 - order()
함수 정의	def order(burger): print('주문버거:', burger)
함수 호출	order('새우버거')
실행 결과	주문버거: 새우버거

함수명	지불 함수 - pay()

함수 정의	def pay(num_burger):
	
	    burger_price = 2500
	    price = num_burger * burger_price
	
	    return price

함수 호출	price = pay(3) print('주문 금액은' , price, '입니다')
실행 결과	주문 금액은 7500 입니다

How

5. 함수가 처리되는 순서 이해하기

파이썬은 실행 시 함수가 호출되면 상위에 정의된 함수 내의 명령 코드 블록이 처리되고 처리 후 반환 값이 있다면 반환합니다.

코드

```
❶
  def fine_max(a, b) :   ❸
      if (a > b) :  ─┐
          y = a      │
      else :         │ ❹
          y = b     ─┘
      return y      ❺

❷ fine_max (3, 5)
❻
```

실행 순서

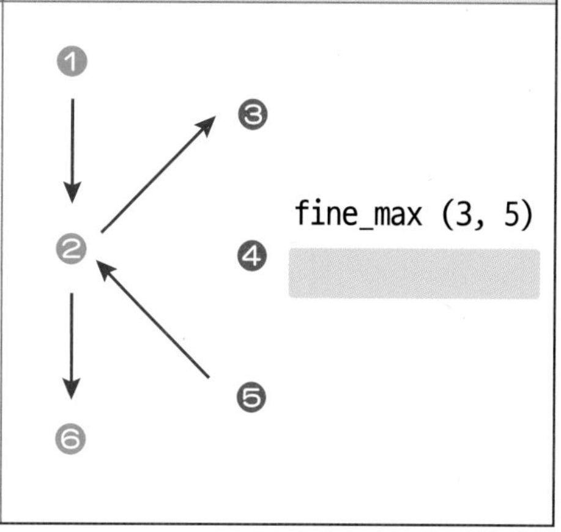

Attention. 함수는 호출되기 전에 정의되어 있어야 한답니다. 즉 순서상 함수 정의를 먼저하고 나중에 호출합니다.

How

6. 변수! 함수 밖에서도 사용할 수 있을까? 지역변수, 전역변수

파이썬의 프로그래밍에서 데이터를 저장하는 변수는 함수 내에서도 사용할 수 있습니다. 그렇다면 함수 내에서 사용한 변수를 함수 밖에서도 사용할 수 있을까요?

프로그램 코드

File Edit Format Run Options Window Help

```
def test():
    x = 100
    print(x)

test()
print(x)
```

실행결과

File Edit Shell Debug Option Window Help

```
100
NameError : x
```

test() 함수를 호출하면 함수 내의 print(x)에서 x값 100을 출력하지만, 함수 밖에서 사용한 x는 정의되어 있지 않아 에러(NameError : x) 가 발생합니다.

이처럼 함수 내에서만 사용하는 변수를 지역변수(local variable)라고 하고 함수 밖에서는 호출하여 사용할 수 없답니다. 기본적으로 함수 내에서 사용한 변수는 함수가 실행되는 동안에만 존재하고 실행이 끝나면 모두 삭제되기 때문에 함수 밖에서 사용할 수가 없게 되는 거예요.

Tip. 함수 내에서 사용한 변수를 함수 밖에서도 사용할 방법은 없을까요?
함수에서 만든 지역 변수를 함수 밖에서도 사용하려면 global 선언을 하면 됩니다. 이렇게 하면 함수 내의 x 변수가 함수 밖에서도 사용할 수 있습니다.

반면 함수 밖에서 선언한 변수는 프로그램 모든 곳에서 사용 가능하며 이러한 변수를 전역변수(global variable)라고 합니다. 변수를 찾을 때 지역 변수에서 전역 변수 순서로 찾습니다.

How

7. 알아두면 유용한 내장함수

함수	설명	사용 예
dir(object)	객체가 가지고 있는 변수나 함수를 보여줌	>>> dir([]) [...'append', 'clear', 'copy', 'count'...]
divmod(a,b)	2개의 숫자를 입력 받아 몫과 나머지를 반환	>>> divmod(7, 3) (2, 1)
enumerate(iterable)	순서가 있는 자료형(리스트, 튜플, 문자열)을 입력으로 받아 인덱스 값을 포함하는 enumerate 객체를 반환	>>> for i, x in enumerate(['one', 'two', 'three']): print(i, x) 0 one 1 two 2 three

eval(str)	실행 가능한 문자열을 입력으로 받아 문자열을 실행한 결괏값을 반환	>>> eval('1+2')
		3
		>>> eval("'Hello! '+'Python.'")
		'Hello! Python.'

filter(function, iterable)	함수와 반복 가능한 자료형을 입력받아 자료가 함수에 입력되었을 때 참인 것만 반환	def positive(x): return x > 0 print(list(filter(positive, [1, -3, 2, 0, -5, 6]))) ==> 결과 [1, 2, 6]
open(file,mode)	"파일 이름"과 "읽기 방법"을 입력받아 파일 객체를 반환 - 읽기 방법(mode) w:쓰기, r:읽기, a:추가, b:이진파일	>>> fread = open('read_mode.txt', 'r') >>> fappend = open('append_mode.txt', 'a')
range([start,] stop [,step])	입력 받은 값의 범위 값을 반복 가능한 객체로 반환	>>> list(range(1, 10, 2)) [1, 3, 5, 7, 9]
reversed(seq)	반복 가능한 자료형을 입력받아 역순으로 반환	>>> list(reversed([1, 2, 3])) [3, 2, 1]
sorted(iterable)	입력값을 정렬한 후 결과를 리스트로 반환	>>> sorted(['a', 'c', 'b']) ['a', 'b', 'c']
zip(*iterable)	동일한 개수로 이루어진 자료형을 묶어줌	>>> list(zip([1, 2, 3], ['a', 'b', 'c'])) [(1, 'a'), (2, 'b'), (3, 'c')]

Plus. 람다 함수가 뭐예요?

파이썬에는 간단한 기능을 일반적인 함수와 같이 정의해두고 쓰지 않고 필요한 곳에서 즉시 사용하고 없어지는 람다 함수가 있습니다. 이 람다 함수는 이름을 작성하지 않으며 return 문도 사용하지 않고 반환 값을 만드는 표현식 형태로 사용합니다.

람다 함수 사용 형식 : lambda <인수들>: <반환할 식>

두 수를 더하는 함수를 사용자정의 함수 형태와 람다함수를 이용하여 만든 경우를 비교해보면 프로그램이 훨씬 간결합니다.

일반 함수 사용	람다 함수 사용

`def add( x, y) :`
`    return x + y`
 	
`add(10, 20)`
	`lambda x, y : x + y`

또한, 람다 함수는 하나의 식처럼 한 줄로 작성하는데 함수를 함수 인자로 넘길 때 유용하며 코드가 간결하여 메모리가 절약되는 장점이 있습니다.

Understanding Concept

햄버거 가게에서 사용할 기능 함수들을 이용하여 햄버거 주문 프로그램을 만들어봅시다

프로그램 코드

File Edit Format Run Options Window Help

```
menu = ('새우버거', '치킨버거', '치즈버거')
price = (5000, 4000, 3000)

def showmenu():                    #메뉴 함수
    print()
    print('[버거 메뉴]')
    for i in range(0, len(menu)):
        print(i+1, '.', menu[i], '\t가격 : ', price[i])
    print()

def order(num):                    # 주문 함수
    burger = menu[num-1]
    print('주문버거 :', burger)

def pay(num, qty):                 # 지불 함수
    total_price = price[num-1] * qty
    return total_price

showmenu()

burger_num = int(input('주문할 버거 번호를 선택하세요: '))
order(burger_num)

burger_qty = int(input('\n버거 개수를 입력하세요 : '))
burger_total_price = pay(burger_num, burger_qty)

print('수량 : {}, 총금액 : {}'.format(burger_qty,
burger_total_price))
```

실행결과

File Edit Shell Debug Option Window Help

```
[버거 메뉴]
1 . 새우버거 가격 :  5000
2 . 치킨버거 가격 :  4000
3 . 치즈버거 가격 :  3000

주문할 버거 번호를 선택하세요: 3
주문버거 : 치즈버거

버거 개수를 입력하세요 : 5
수량 : 3, 총금액 : 15000
```

Finding Error

다음과 같이 함수를 정의하고 호출하였더니 에러가 발생하였습니다. 에러가 발생한 이유를 적어보세요.

프로그램 코드

File Edit Format Run Options Window Help

```
1 def add(x, y)
2 total = x + y
3 return total
4
5 z = add(3, 5):
6 print('두 수의 합은' , z , '입니다')
```

Explanation

함수를 생성하는데 콜른 표시를 하지 않았습니다. 콜른을 표시하고 함수 내의 명령 코드는 들여쓰기를 적용하여야 합니다.

```
Line1 〉〉 def add(x, y) :
Line2〉〉     total = x + y
Line3〉〉     return total
```

Checking Point

01. 함수를 정의할 때는 (   ) 키워드를 사용합니다.

02. 함수를 정의할 때 매개변수는 반드시 있어야 합니다. (O , X)

03. 함수를 사용할 때는 호출하는 문장을 먼저 선언하고 함수를 정의합니다. (O, X)

04. 함수를 사용하면 좋은 점을 적어보세요.

05. 다음 프로그램에서 매개변수는 무엇인지 적어보세요.

프로그램 코드

File Edit Format Run Options Window Help

```
def add( a , b) :
    print(a + b)

add(7, 8)
```

06. 다음과 같이 정수 데이터가 있습니다. 다음 데이터를 리스트로 저장하고 이 중 양수만 화면에 출력하도록 함수를 정의하여 사용하는 프로그램을 작성해 보세요.

정수 데이터 : 1, 3, -2, 10, -7, 11, -5

07. A반 학생들의 이름과 점수가 있습니다. 다음 데이터를 딕셔너리로 선언하고 70점 이상인 학생의 이름을 출력해 보세요.

[A반 학생의 성적 데이터]

김영희 - 70점, 이영수 - 60점, 최지성- 90점

MEMO

PART 05

2 모듈 알아보기

What

1. 모듈(module)이란

다양한 동물들과 나무들이 어우러진 레고로 만든 멋진 정글 세상!!

레고 정글을 만드는데 우리는 다양한 형태의 레고 블록들이 필요합니다. 각 레고는 홀로 사용하기도 하고 때론 다른 블록과 연결하여 새로운 모양을 만들기도 합니다.

레고처럼 그 자체로 하나의 기능을 수행하며 필요한 부분에 가져와 사용할 수 있는 것들을 파이썬에서는 모듈이라고 합니다.

모듈은 어떤 기능들을 하나로 묶어둔 파일 형태(~.py)로 되어 있어 마치 필요한 레고 블록을 가져와 끼우듯이 다른 파이썬 프로그램에서 불러와 사용할 수 있습니다.

What

2. 파이썬 모듈 종류

많은 개발자가 파이썬 언어를 사용하는 큰 이유이며 파이썬의 강력한 이점 중 하나는 다양하고 많은 내장 모듈이 제공된다는 점입니다. 물론 사용자가 필요한 모듈을 직접 만들어 사용할 수도 있고 그 외 업체에서 제공되는 유용한 3rd Party(서드 파티) 모듈들도 있습니다.

내장모듈	사용자정의 모듈	3rd Party 모듈
파이썬에서 제공하는 모듈	프로그래머가 직접 만들어서 사용하는 모듈	파이썬 재단 및 프로그래머가 다른 프로그래머, 또는 업체에서제공한 모듈

Attention.

모듈은 자주 사용하는 변수, 함수, 클래스 또는 실행 코드들을 모아서 간단한 기능을 담아 놓는 스크립트 파일로 파이썬에서는 유용하고 많이 쓰이는 기능을 모듈로 제공하고 있기 때문에 직접 만들기 전에 표준 모듈로 제공되고 있는지 확인해 볼 필요가 있습니다.

Why

파이썬을 재시작하면 우리가 만들었던 정의들, 즉 함수나 변수들은 사라집니다.

따라서 이런 정의들을 모듈이라는 파이썬 파일로 저장하여 두면 다음과 같은 장점들이 있습니다.

① 재사용성

프로그래밍할 때 마다 필요한 정의들을 다시 만드는 것은 굉장히 소모적이고 귀찮은 일이 되겠죠. 이럴 때 이러한 정의들을 모듈로 저장하여 두면 필요할 때 언제든지 불러올 수 있어 재사용성 측면에서 좋습니다.

② 효과성

파이썬은 자주 사용되는 유용한 기능에 대한 모듈을 많이 제공하는데 이 모듈들을 이용하면 직접 특정 기능을 구현하기보다 쉽고 빠르게 프로그램을 개발할 수 있는 효과가 있습니다.

③ 수정/관리 유용성

연관이 있는 특정 기능들을 모듈로 관리하면 나중에 수정하기도 좋고, 관리하는데 매우 유용하답니다.

Tip. 모듈은 기능별로 하나의 완결된 구조를 가져야 하고 모듈별로 독립성을 가져야 하는 원칙이 있어요. 마치 레고처럼요~

How

1. 모듈, 어떻게 만들고 어떻게 사용할까?

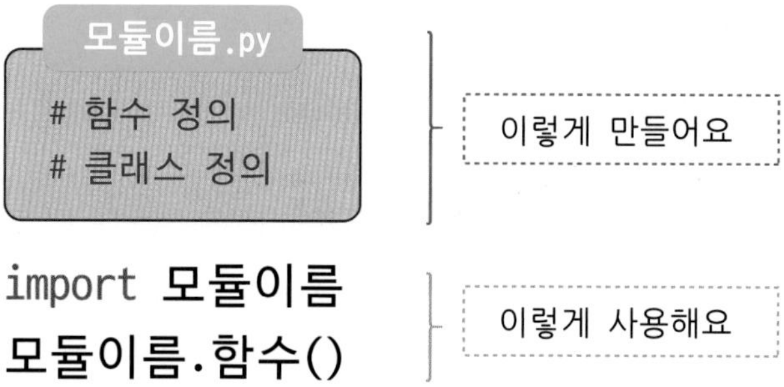

1 모듈 이렇게 만들어요.

필요한 기능을 정의하는 함수, 클래스, 변수 또는 실행문장등 정의한 내용을 .py 파일로 저장합니다.

2 모듈 이렇게 사용해요.

import 키워드를 사용하여 모듈이름.py로 저장한 모듈을 선언합니다.

모듈이 필요한 곳에 모듈 이름.함수( ) / 모듈 이름.클래스( ) / 모듈 이름.변수 형태로 호출합니다. 모듈을 사용하려면 반드시 import 키워드를 사용하여 사용할 모듈을 먼저 불러와야 합니다.

How

2. 예제로 모듈 살펴보기

모듈을 만들고 사용하는 방법을 예제를 이용하여 좀 더 자세히 살펴볼까요?

계산기 프로그램을 모듈로 만들어보려고 합니다.

모듈 만들기

```
def plus( x, y) :
    return x + y

def minus( x, y ) :
    return x - y

def multiply( x, y ) :
    return x * y

def divide( x, y ) :
    return x / y
```

(calculator.py 파일로 저장하기 / 들여쓰기)

• 함수, 클래스, 변수, 실행문장을 정의한 내용을 파일로 저장해요.

모듈 사용하기

```
import calculator

calculator.plus(2, 3)
```

(import calculator ← 모듈 불러오기 / calculator: 모듈 이름, plus: 모듈함수)

• 사용할 모듈을 import 키워드를 사용하여 불러와요.
• 모듈이름.함수 로 사용해요.

계산기에는 더하기, 빼기, 곱하기, 나누기를 할 수 있는 연산들이 있습니다. 더하기, 빼기, 곱하기, 나누기 함수를 정의한 후 calculator.py 파일로 저장(My Python폴더에)하면 이제 calculator는 모듈로서 다른 프로그램에서 불러와 사용할 수 있습니다.

Check.

다음 calculator 모듈을 가져오고 프로그램의 실행 결괏값을 보고 빈칸에 들어갈 내용을 적어보세요.

calculator.py 파일

프로그램 코드

File Edit Format Run Options Window Help

```
def plus( x, y) :
    return x + y

def minus( x, y ) :
    return x - y

def multiply( x, y ) :
    return x * y

def divide( x, y ) :
    return x / y
```

프로그램 코드

File Edit Format Run Options Window Help

```
________ calculator

result = calculator.____(7, 4)
print(result)
```

실행결과

File Edit Shell Debug Option Window Help

```
3
```

3. 모듈을 불러오는 다양한 방법 알아보기

1 모듈 이름을 별명으로 지정하여 사용하기 : import 모듈 이름 as 별명

사용하려는 모듈 이름이 길 때 별명처럼 as 뒤에 단순한 형태의 이름으로 지정하여 사용할 수 있습니다.

모듈 이름	calculator.py
모듈 불러오기	`import calculator as c`
모듈 내 함수 사용하기	`result = c.plus(3,5)` `print(result)`
실행 결과	8

이 방법을 사용하면 모듈 이름이 긴 경우 짧게 사용할 수 있어 호출할 때 코드 입력 오류를 줄일 수 있어 좋습니다.

Check.

[ ] 에는 무엇이 들어갈까요?

프로그램 코드

File Edit Format Run Options Window Help

```
import matplotlib [     ] plt
plt.figure( figsize = ( 10, 6 ) )
plt.show()
```

2 모듈 내 정의된 사항을 일부만 불러와 사용하기 : from 모듈 이름 import 모듈 함수

모듈에 포함된 다양한 정의들을 모두 불러오지 않고 필요한 정의만 불러오도록 할 수 있습니다.

모듈 이름	calculator.py
모듈 불러오기	`from calculator import  plus, minus, multiply, divide`

모듈 내 함수 사용하기	`result1 = plus(2,7)`
	`result2 = minus(6, 4)`
	`print(result1)`
	`print(result2)`

실행 결과	14 2

이 방법을 사용하면 호출할 때 모듈 함수 앞에 모듈 이름을 쓰지 않아도 되어 간편하고 모듈 내의 필요한 함수만 불러올 수 있습니다.

Check.

[   ] 에는 무엇이 들어갈까요?

프로그램 코드

File Edit Format Run Options Window Help

```
[      ] keras import models
models.Sequential()
```

Tip. 가져온 모듈을 'del 모듈 이름' 과 같이 명령을 사용하면 해제할 수 있습니다.

How

4. 알아두면 유용한 표준 모듈

1 time 모듈

함수	설명	사용 예
time()	1970년 1월 1일 0시부터 현재 시각까지의 초를 알려줌	>>> time.time() 1563890890.1341999
sleep(secs)	주어진 초 만큼 프로그램 실행을 멈춤	>>> time.sleep(5)
localtime()	time.time()을 사용해서 구한 값을 연월일 시분초로 표시	>>> time.localtime(time.time()) time.struct_time(tm_year=2019, tm_mon=7, tm_mday=23, tm_hour=23, tm_min=8, tm_sec=58, tm_wday=1, tm_yday=204, tm_isdst=0)

2 calendar 모듈

함수	설명	사용 예
prmonth(y,m)	지정한 연과 월의 달력을 출력	>>> calendar.prmonth(2019,8)
prcal(y)	지정한 연 전체의 달력을 출력	>>> calendar.prcal(2019)

3 random 모듈

함수	설명	사용 예
random()	0.0 이상 1.0 미만의 소수 한 개를 반환	>>> random.random() 0.3005367432445474
randint(a,b)	a 이상 b 이사의 정수 한 개를 반환	>>> random.randint(100,200) 139
choice(seq)	주어진 값 중 한 개를 반환	>>> random.choice([1,3,10,12,100]) 100
randrange(([start,] stop [,step])	주어진 범위의 값 start ~ (stop-step) 중 한 개를 반환	>>> random.randrange(0,1000,10) 280

Plus. 모듈을 import 하면 파이썬은 모듈이 어디에 있는지 어떤 위치를 찾을까요?

- 현재 디렉토리
- 환경변수 PYTHONPATH에 지정된 경로
- Python이 설치된 경로 및 그 밑의 라이브러리 경로

파이썬은 모듈을 import 하면 모듈을 찾기 위해 위와 같은 순서로 검색을 합니다. 위 경로는 모두 sys.path 에 리스트 형태로 저장되어 있으므로 sys.path를 프린트해보면 모듈들이 어디에 저장되어 있는지 확인해 볼 수 있습니다.

```
Python 3.8.5 Shell
File  Edit  Shell  Debug  Option  Window  Help
>>>> import sys
>>>> for path in sys.path:
        print(path)

C:\Users\Users\AppData\Local\Programs\Python\Python38\Lib\idlelib
C:\Users\Users\AppData\Local\Programs\Python\Python38\python38.zip
C:\Users\Users\AppData\Local\Programs\Python\Python38\DLLs
C:\Users\Users\AppData\Local\Programs\Python\Python38\lib
C:\Users\Users\AppData\Local\Programs\Python\Python38
C:\Users\Users\AppData\Local\Programs\Python\Python38\lib\site-packages
```

자신이 만든 파이썬 모듈이 경로에 없다면 다음처럼 경로를 추가해 주면 됩니다.

예: data/python/ 폴더 밑에 a.py을 경로 추가하려면 다음과 같이 코드를 작성하면 됩니다.

```
import sys
sys.path.insert(0, "/data/python/a.py")
```

Understanding Concept

친구들과 놀러 가 신나는 게임을 하려고 합니다. 그런데 친구들이 제각기 자기가 좋아하는 게임을 하고 싶다고 했을 때 어떻게 하면 좋을까요? 이럴 때 우리가 배운 random과 time 모듈을 사용하여 게임을 선택하는 프로그램을 만들어보면 어떨까요?

프로그램 코드

File Edit Format Run Options Window Help

```
import random
import time
play =['007게임', '369게임', '눈치게임', '마피아게임']
print('게임 선택을 시작합니다. 1초 후에 알려줄께요')
time.sleep(1)
print('바로바로', random.choice(play))
```

실행결과

File Edit Shell Debug Option Window Help

```
게임 선택을 시작합니다. 1초 후에 알려줄께요
바로바로 369게임
```

Finding Error

다음 처럼 모듈을 불러오기 한 후 불러온 모듈의 함수를 사용하였더니 에러가 발생하였습니다. 에러가 발생한 이유를 적어보세요.

프로그램 코드

File Edit Format Run Options Window Help

```
1 import calc as c :
2
3 x = 10
4 y = 20
5
6 ans1 = calc.plus(x, y) ;
7 ans2 = calc.minus(x, y) ;
8 print(ans1, ans2)
```

Explanation

import할 때 콜론(:)을 표기 하지 않고 사용해야하며, 모듈 이름을 c로 단축했으므로 c.함수()형태로 사용해야합니다.

Line1 〉〉 import calc as c

Line6〉〉 c.plus(x,y)

Line7〉〉 c.minus(x,y)l

Checking Point

01. 모듈은 사용하려면 반드시 사전에 (   ) 키워드를 사용하여 선언하여야 합니다.

02. 모듈을 이용하면 정의한 기능들을 계속하여 사용할 수 있습니다. (O, X)

03. 모듈을 불러올 때는 항상 모듈 이름을 앞에 붙여야 합니다. (O, X)

04. 모듈을 사용하는 이유를 써 보세요.

05. 다음과 같은 introduction.py 모듈이 있습니다.

프로그램 코드

File Edit Format Run Options Window Help

```
def greeting( ):
    print('Hello !')

information = {
   'name' : 'Python',
   'age' : 30,
}
```

① introduction 모듈을 's'라는 별명으로 불러오는 명령을 써 보세요.
② introduction 모듈에서 information만 불러오는 명령을 써 보세요.
③ introduction 모듈에서 information만 불러와서 name을 프린트하는 프로그램을 작성해 보세요.

06. 6개의 로또 번호를 생성하는 모듈을 만들어 실행하는 프로그램을 작성해 보세요

조 건

① random 모듈을 가져오기를 합니다.
② 랜덤으로 1부터 45까지 정수를 중복이 없도록 생성합니다.
③ 위 내용을 rotto.py 파일로 저장합니다.
④ rotto 모듈을 불러와 실행하여 결과를 출력해 보세요.

더해보기 : 생성된 숫자의 중복을 허용하지 않도록 해 봅니다

MEMO

Jump up

1. 3, 6, 9 게임

다음 〈게임 방법〉을 참고하여 '3, 6, 9 게임' 프로그램을 작성하세요.

[게임 방법]

① 순서대로 1부터 순서대로 숫자를 하나씩 말한다.
② 3, 6, 9가 들어가는 숫자는 말하지 않고 손뼉을 친다.
③ 3, 6, 9가 들어간 수만큼 손뼉을 친다.

❖ 입력 : 3, 6, 9게임을 진행할 숫자의 범위

⋯› 출력 : 1부터 입력받은 숫자까지 순서대로 출력

3, 6, 9가 들어간 수는 숫자 대신 3, 6, 9 개수만큼 문자 'X'를 출력

Tip) 숫자를 입력받아 3, 6, 9의 개수를 반환하는 함수를 작성해 보세요. 3, 6, 9의 개수는 숫자를 10으로 반복해서 나누어 나머지를 확인하여 구할 수 있어요.

실행결과

File Edit Shell Debug Option Window Help

```
369게임! 숫자를 입력하세요 : 50
1 2 X 4 5 X 7 8 X 10 11 12 X 14 15 X 17 18 X 20 21 22 X 24 25 X 27 28
X X X X XX X X XX X X XX 40 41 42 X 44 45 X 47 48 X 50
```

생각해 보기

함수의 매개변수 : [ ]

3, 6, 9 가 포함된 개수가 저장되는 변수 : [ ]

프로그램 코드

05_JUMP_01_369게임.py

File Edit Format Run Options Window Help

```
def count369(n) :
    count = 0
    q = n

    while q > 0 :
        r = q % 10
        q = q // 10
        if (r == 3) or (r == 6) or (r == 9) :
            count += 1

    return count

number = int( input('369게임! 숫자를 입력하세요 : ') )

for i in range(1, number+1) :
    n = count369(i)
    if n == 0 :
        print(i, end=' ')
    else :
        print('X'*n, end=' ')
```

Jump up

2. 구구단 출력

함수를 이용하여 1단부터 19단까지 구구단을 출력하는 프로그램을 작성하세요..

❖ **입력 : 출력할 구구단 범위 (예. 1단~19단)**

⋯› **출력 : 입력받은 범위의 단을 출력**

생각해 보기

시작할 단을 저장하는 변수	:
종료할 단을 저장하는 변수	:
구구단 함수의 매개변수	:
함수를 호출하는 for 반복문의 범위	: range (,)

프로그램 코드

05_JUMP_02_구구단.py

File Edit Format Run Options Window Help

```
def multiplication(n) :
    for i in range(1, 10) :
        print( '{} * {} = {}'.format(n, i, n*i) )

print('몇 단부터 몇 단까지 출력할지 입력하세요.')
start = int( input('시작 단 : ') )
end = int( input('종료 단 : ') )

for i in range(start, end+1) :
    multiplication(i)
    print()
```

Jump up

3. 별 그리기

별을 그리는 함수를 작성하고 입력받은 숫자만큼 다양한 위치, 사이즈, 색깔의 별을 그리는 프로그램을 작성해 봅시다.

[별 그리기]

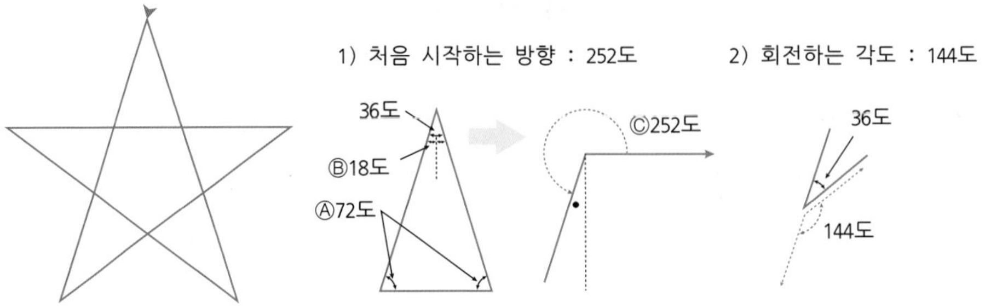

1) 처음 시작하는 방향

ⓐ 정오각형을 그릴 때 5번 회전하여 제자리이므로 한 외각 : 72도

ⓑ 이등변삼각형의 꼭지각 : 36도

ⓒ 터틀의 방향 0도부터 252도 회전한 방향에서 시작

2) 회전하는 각도

선을 그은 후 삼각형의 꼭지각이 36도이므로 144도 왼쪽으로 회전하므로 처음 터틀의 방향은 252도, 선을 그은 후 144도 회전을 5번 반복하여 별을 그린다.

별 그리는 파이썬 코드

File Edit Format Run Options Window Help

```
import turtle as t
t.setheading(252)
for i in range(5) :
    t.forward(100)
    t.left(144)
```

❖ 입력 : 별의 개수

⋯› 출력 : 입력 받은 개수의 별을 랜덤으로 그리기

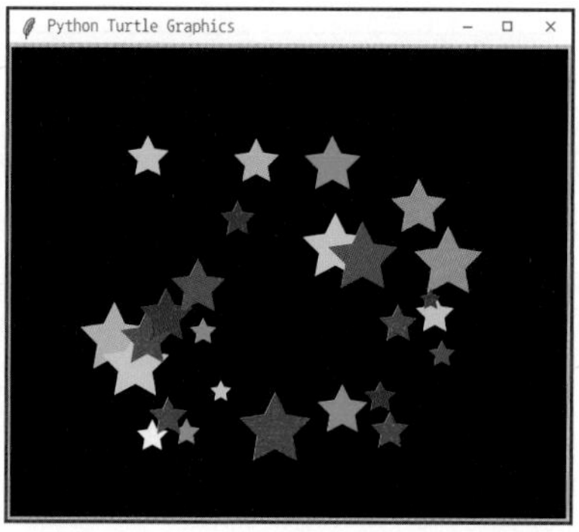

Tips. 터틀 그래픽의 내장함수

함수	설명	함수	설명
goto(x, y)	좌표로 이동하기	bgcolor(color)	배경 색 바꾸기
setheading(angle)	방향 설정	color(color)	색 바꾸기
pendown()	펜 내리기	begin_fill ()	내부 색칠 시작하기
penup ()	펜 올리기	end_fill ()	내부 색칠 끝내기

생각해 보기

별 그리는 함수의 매개변수 : ______

x좌표 랜덤으로 설정 : ______

y좌표 랜덤으로 설정 : ______

별의 사이즈 랜덤으로 설정 : ______

색깔 랜덤으로 설정 : ______

프로그램 코드

05_JUMP_03_별그리기.py

File Edit Format Run Options Window Help

```python
import turtle as t
import random

def draw_star(x, y, color, size) :
    t.setheading(252)
    t.color(color)

    t.penup()
    t.goto(x, y)
    t.pendown()

    t.begin_fill()
    for i in range(5) :
        t.forward(size)
        t.left(144)

    t.end_fill()

n = int( input('별의 개수를 입력하세요 : ') )

t.bgcolor('Black')
color_list = ['Red', 'Orange', 'Yellow', 'Green', 'Blue', 'Purple']

for i in range(n) :
    x = random.randint(-400, 400)
    y = random.randint(-300, 300)
    size = random.randint(30, 150)
    color = random.choice(color_list)

    draw_star(x, y, color, size)
```

Jump up

4. 숫자 마술

여러분이 생각한 숫자를 맞추는 마술 게임을 해보겠습니다.

1~7 사이의 숫자 하나를 생각해보세요. 3번의 질문으로 당신이 생각한 숫자를 맞춰보겠습니다.

질문에 당신이 생각한 숫자가 목록에 있다면 Y, 없으면 N로 대답합니다. Y로 답한 자릿값을 모두 더해 생각한 숫자를 맞출 수 있습니다.

번호	질 문	대답	자릿값	더할 값
1	[1, 3, 5, 7] 생각한 숫자가 있나요?	Y	1	1
2	[2, 3, 6, 7] 생각한 숫자가 있나요?	Y	2	2
3	[4, 5, 6, 7] 생각한 숫자가 있나요?	N	4	0

만약 이렇게 대답을 했다면 당신이 생각한 숫자는 더할 값을 모두 더한 1 + 2로 3입니다.

▶ 계산해보기

1~7 사이의 하나의 숫자를 정하고 위와 같은 방법으로 질문에 답하고 숫자를 구해봅니다.

생각한 숫자 : [ ] → 구한 숫자 : [ ]

번호	질 문	대답	자릿값	더할 값
1	[1, 3, 5, 7] 생각한 숫자가 있나요?		1	
2	[2, 3, 6, 7] 생각한 숫자가 있나요?		2	
3	[4, 5, 6, 7] 생각한 숫자가 있나요?		4	

이 숫자 마술 게임은 이진수의 각 자릿수 값을 활용하여 여러분이 생각한 숫자를 맞추는 마술게임입니다. 원리를 알아보고, 숫자 마술 게임을 프로그램 작성해 봅니다.

▶ 숫자 마술 원리 알아보기

① 질문할 횟수에 따라 숫자 범위 정하기

질문 횟수에 따른 숫자 범위 : ~ ($2^{질문 횟수}$ - 1)

2^3	2^2	2^1	2^0
8	4	2	1

예를 들어, 질문할 횟수가 3번이라면 이진수 3자리로 나타낼 수 있는 십진수 값의 범위는 0부터 7까지가 됩니다.

② 이진수를 이용하여 질문할 숫자 정하기

3번의 질문으로 숫자 맞추기

① 첫 번째 질문할 숫자 : 2^0 자리가 1인 수
[1, 3, 5, 7] 생각한 숫자가 있나요?

이진수	001	011	101	111
십진수	1	3	5	7

② 두 번째 질문할 숫자 : 2^1자리가 1인 수
[2, 3, 6, 7] 생각한 숫자가 있나요?

이진수	010	011	110	111
십진수	2	3	6	7

③ 세 번째 질문할 숫자 : 2^2 자리가 1인 수
[4, 5, 6, 7] 생각한 숫자가 있나요?

이진수	100	101	110	111
십진수	4	5	6	7

③ 이진수 자리의 값 판별하기

이진수의 2^n 자리가 '1'인 경우에는 이진수를 2로 (n+1)번 나눈 나머지가 1입니다. 예를 들면, 13의 2^2 자리 판별은 13을 2로 3번 나누면 (13 나누기 2의 몫 → 6 나누기 2의 몫 → 3 나누기 2의 나머지 -> 1)로 나머지가 1이므로 13의 2^2 자리는 1인 것을 판별할 수 있습니다.

❖ 입력 : 질문 횟수 (=> 2진수 자릿수)

숫자에 포함되었는지 질문에 Y/N

⋯› 출력 : 2진수 각 자릿수가 1인 숫자 출력

맞추는 숫자

실행결과

File Edit Shell Debug Option Window Help

```
질문 횟수를 입력하세요. (자연수) : 4
1 3 5 7 9 11 13 15  - 생각한 숫자가 있나요? (Y/N) : n
2 3 6 7 10 11 14 15  - 생각한 숫자가 있나요? (Y/N) : y
4 5 6 7 12 13 14 15  - 생각한 숫자가 있나요? (Y/N) : n
8 9 10 11 12 13 14 15  - 생각한 숫자가 있나요? (Y/N) : y
number :  10
```

생각해 보기

이진수 N자리로 나타낼 수 있는 십진수 숫자의 범위: [ ]

프로그램 코드

05_JUMP_04_숫자맞추기.py

File Edit Format Run Options Window Help

```
def binary_digit(num, digit) : # num의 이진수 digit자리가 1 임을 판별
    q = num
    for i in range(digit + 1) :
        q = q//2

    if q == 1 :
        return True
    else :
        return False

power = int (input('질문 횟수를 입력하세요. (자연수) : ') )
number = 0

for d in range(power) :

    for n in range(2**power) :
        if binary_digit(n, d) :
            print(n, end = ' ')

    ans = input(' - 생각한 숫자가 있나요? (Y/N) : ')

    if ans == 'Y' or ans == 'y' :
        number += 2**d

print('number : ', number )
```

MEMO

PYTHON

PART 06

파이트리 열매 맺기
(파이썬으로 인공지능 만나보기)

PYTHON
AS YOU THINK!!

Overview

4차 산업혁명의 핵심 기술인 인공지능 연구에 많이 사용되고 있는 프로그래밍 언어는 무엇일까요? 인공지능 구현의 대표적인 기술인 머신러닝과 딥러닝 프레임워크를 개발하는 데 많이 사용되고 있는 '파이썬'입니다.

[인공지능과 머신러닝에 가장 적합한 프로그래밍 언어 best 5]

Rank	Programming Language
1	Python
2	R Programming
3	Java
4	Lisp
5	Javascript

- source by 3 March 2019 by Radek Fabisiak -

파이썬을 사용하면 인공지능 알고리즘을 쉽게 구현할 수 있고 인공지능 개발에 사용할 수 있는 유용한 라이브러리를 선택하여 신경망을 구축할 수 있어 다른 프로그래밍 언어보다 개발 시간이 단축되는 장점이 있습니다.

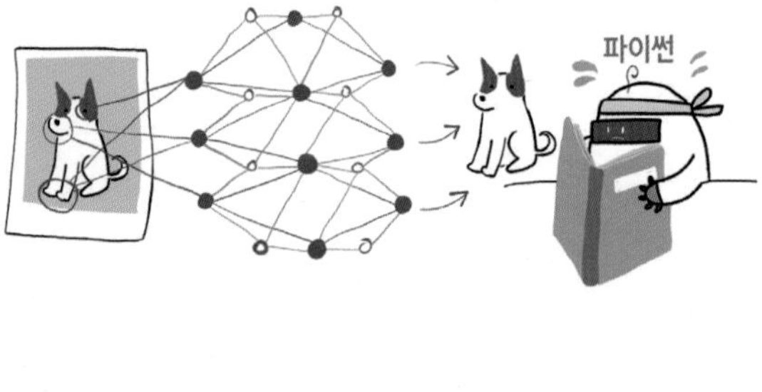

지금까지 배워온 파이썬을 사용하여 인공지능 프로그램을 구현해보도록 하겠습니다.

배워볼까요?

❶ 인공지능 알아보기

❷ 파이썬으로 머신러닝 예제 만나보기

❸ 파이썬으로 딥러닝 예제 만나보기

What

1. 우리와 함께 사는 인공지능

패턴이나 비밀번호가 아닌 얼굴 인식 방식으로 휴대폰의 잠금을 해제하는 기능, 인공지능이 탑재되어 사람 없이 주행하는 구글의 무인 택시 서비스, 사람의 음성을 인식하여 노래를 들려주거나 날씨를 알려주는 인공지능 스피커 등 어느새 우리 삶 속에는 다양한 형태의 인공지능 기술이 사용되고 있습니다.
이 외에도 어떠한 인공지능 기술이 우리 주변에 있을까요?

Check.

생활 속에서 적용되고 있는 인공지능 기술을 적어보세요.

What

2. 인공지능 넌 누구니?

1 인공지능(Artificial Intelligence)

인공지능이란 인간의 학습능력, 추론능력, 지각 능력, 자연언어 이해 능력 등 인간이 가진 지적 능력을 컴퓨터로 구현하는 방법론이나 실현 가능성을 연구하는 과학 분야를 지칭합니다.

2 머신러닝(Machine Learning)

머신러닝은 기계가 학습하는 것으로, 인공지능의 한 분야로서 인간의 학습 능력을 컴퓨터에 적용합니다.

머신러닝은 입력 데이터를 분석하여 데이터 간의 관계나 패턴을 파악하고, 이를 토대로 규칙을 만들어 새로운 데이터에 대한 예측을 수행합니다.

머신러닝 알고리즘은 정보 및 데이터를 학습하는 유형에 따라 ❶지도가 필요한 지도학습, ❷지도 없이 스스로 특징을 찾아 학습하는 비지도학습, ❸보상을 통해 행위를 강화하는 강화학습 방법이 있습니다.

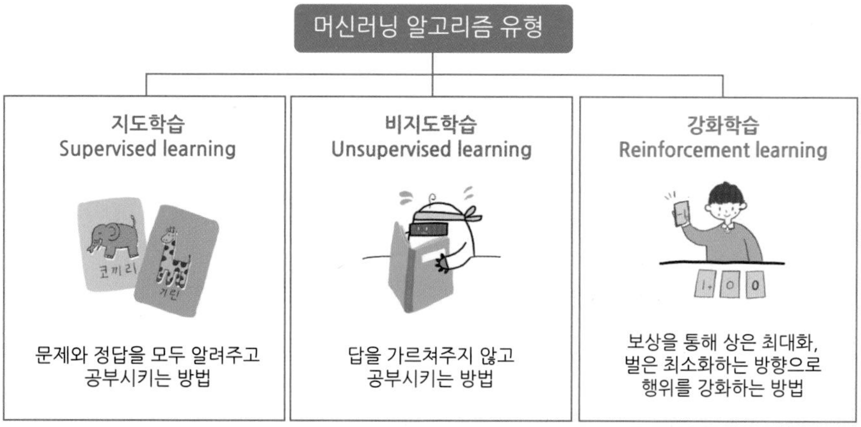

3 딥러닝(Deep Learning)

딥러닝은 인간 뇌의 신경망 이론을 기반으로 만든 인공 신경망 중 하나로, 아래 그림과 같이 입력층과 출력층 사이에 하나 이상의 은닉층을 가진 심층 신경망(DNN, Deep Neural Network)으로 구성됩니다. 딥러닝은 머신러닝의 한 알고리즘으로 분류됩니다.

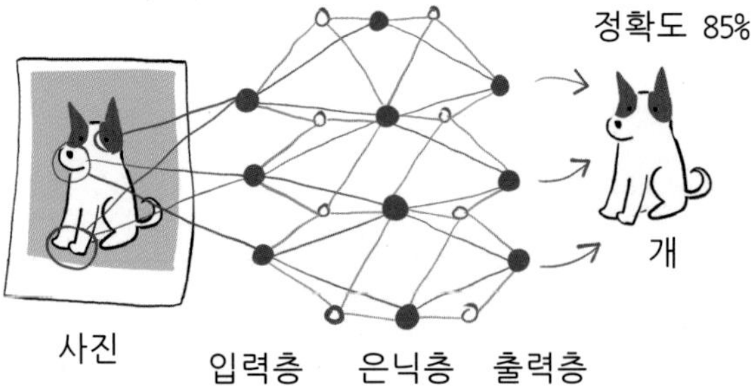

딥러닝은 특징을 추출하는 사전 데이터 처리 과정을 생략하고, 알고리즘에 데이터를 입력하면 컴퓨터가 스스로 분석하여 답을 도출합니다. 이를 통해 굉장히 높은 정확도와 성능을 보여줍니다. 최근 컴퓨터의 속도 향상과 빅데이터 등장으로 많은 양의 데이터를 활용할 수 있게 되면서 딥러닝은 많이 사용되고 있습니다. 반면 머신러닝은 특징 추출 과정이 필요하며, 이후에 알고리즘에 데이터를 입력하여 분석하게 됩니다.

Check.

인공지능과 머신러닝, 딥러닝의 관계를 나타내보세요..

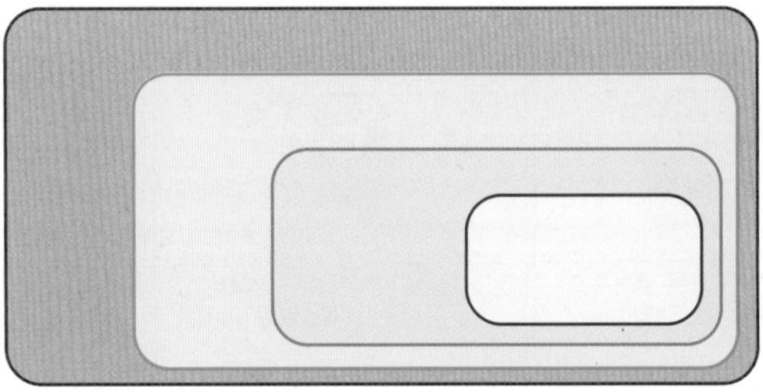

A : 딥러닝　　B : 인공지능　　C : 머신러닝　　D : 컴퓨터과학

How

1. 인공지능 프로그래밍 준비하기

1 어디에서 프로그래밍하지?

인공지능 프로그래밍은 별도의 설치 없이 브라우저에서 파이썬을 작성하고 실행할 수 있는 Colaboratory (이하 Colab, 코랩)을 사용합니다. 코랩은 구글이 제공하는 클라우드 기반의 무료로 사용할 수 있는 Notebook으로 화면에서 파이썬 구문을 입력하면 바로 결과를 반환하고 다시 입력 후 있는 REPL(Read Eval Print Loop) 환경을 제공합니다.

코랩을 사용하기 위해서는 구글 메일(gmail) 계정이 있어야 합니다. 먼저 메일 계정을 발급받고 구글 로그온을 한 다음 다음 단계를 진행하도록 할까요?

① 크롬에서 구글에 접속하여 colab을 검색하여 아래 사이트에 접속합니다.

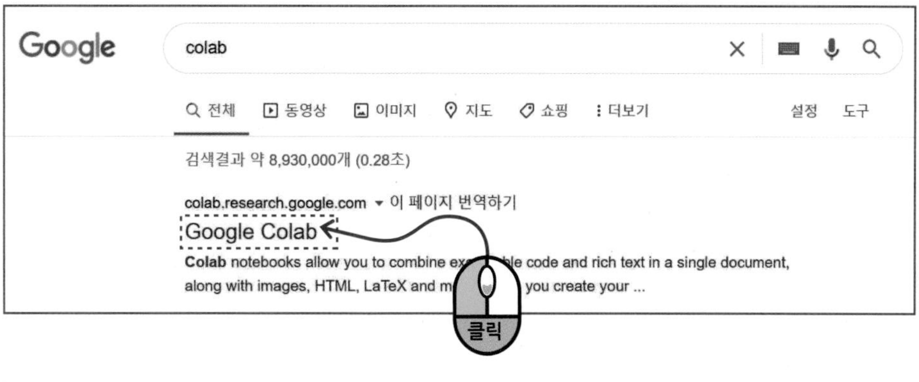

② 다음과 같이 Colaboratory 소개 화면이 나옵니다.

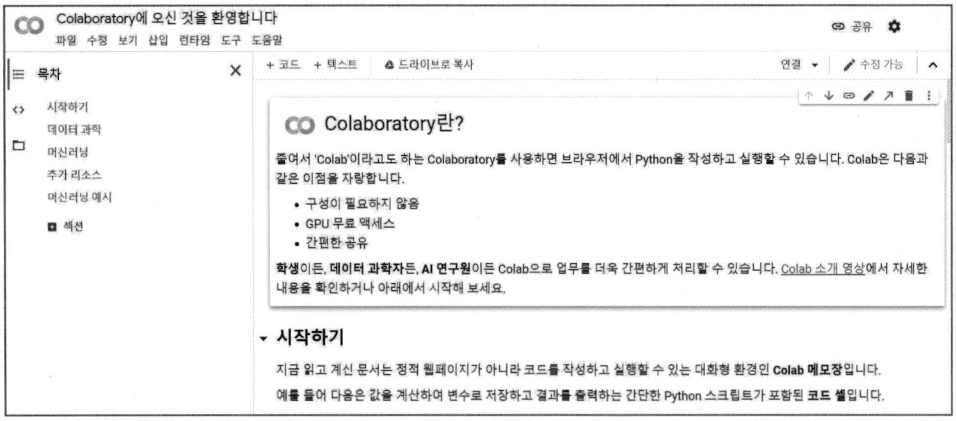

2 코랩 어떻게 사용하지?

코랩을 이용하여 머신러닝을 프로그래밍 해 볼까요?

① 화면의 상단 메뉴바에서 [파일 –〉 새노트]를 클릭합니다.

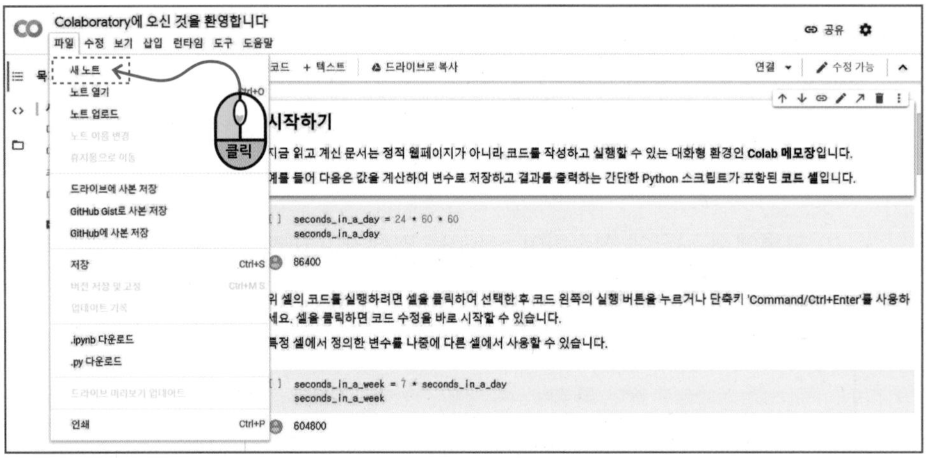

② 새 노트가 열리면 ❶번 빈 셀에 코드를 입력하고 ❷번 실행 버튼을 클릭하면 코드가 실행됩니다.

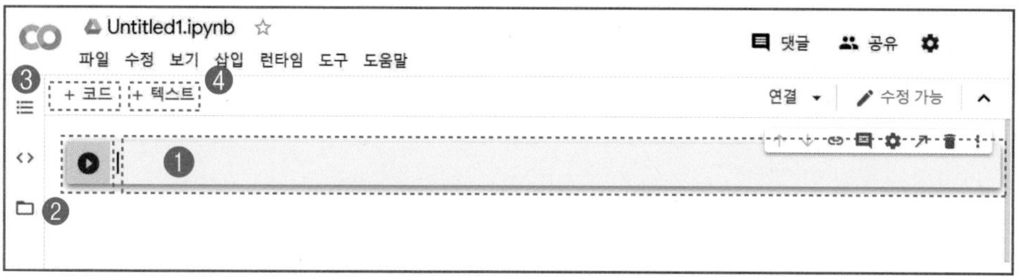

❶ 파이썬 코드 입력 셀 : 파이썬 코드를 입력하는 곳입니다.

❷ 실행 버튼 : 코드 실행 버튼입니다.
ctrl+Enter 키 또는 shift+Enter 키를 사용해도 실행됩니다.

❸ 코드 추가 : 새로운 코드를 입력할 셀을 추가하는 버튼입니다.

❹ 텍스트 추가 : 새로운 텍스트를 입력할 셀을 추가하는 버튼입니다.

Colab은 코드 이외에도 문서 입력 기능을 제공하고 있어 파일로 저장 시 코드와 그 설명을 나타낸 문서로도 사용할 수 있습니다.

Plus. 딥러닝 모델의 정확도를 향상시키기 위해서는 대량의 데이터를 학습해야 합니다. 하지만 대용량 데이터를 학습시키는 데에는 오랜 시간과 고사양 컴퓨터가 필요합니다. 이러한 문제를 해결하기 위해 Colab은 하드웨어 가속기 GPU(Graphics Processing Unit, 그래픽 처리 장치)와 TPU(Tensor Processing Unit, 텐서 처리 장치) 모드를 제공하고 있습니다. 따라서 개인 컴퓨터 사양이 낮거나 이미지, 오디오, 비디오 등 처리할 데이터의 크기가 크고 양이 많은 경우에는 Colab을 사용하는 것이 좋습니다.

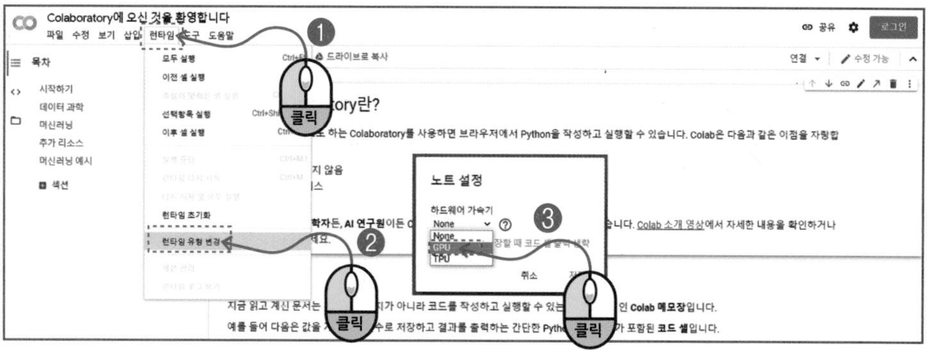

How

2. 머신러닝으로 회귀 프로그램 만들어보기

1 예측을 위한 회귀 알아보기

A 학원의 학생들이 공부한 시간과 성적을 아래처럼 그래프로 나타내보았습니다.

학생	공부시간	점수
영희	2	30
철수	3	50
기범	4	60
준영	5	65
범수	9	80
영미	10	90

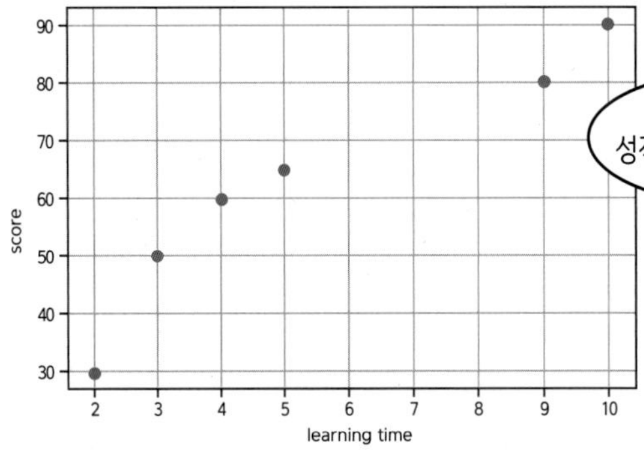

시험 성적(score)이 학생들이 공부한 시간(learning time)과 상관 관계가 있다면 어떤 학생의 공부 시간을 알 경우 그 학생의 성적(score)을 예측할 수 있을까요?

머신러닝의 지도 학습 방법 중 하나로 연속되는 숫자형 데이터 독립 변수 x와 이에 대응하는 종속 변수 y간의 관계를 찾아내는데 회귀 분석이 사용됩니다.

아래 그래프에서처럼 ❶독립 변수인 공부 시간(learning time)과 이에 대응하는 ❷종속 변수인 성적(score)간의 관계가 선형 함수(직선의 방정식)이면 우리는 이것을 선형 회귀 분석(linear regression analysis)이라고 합니다.

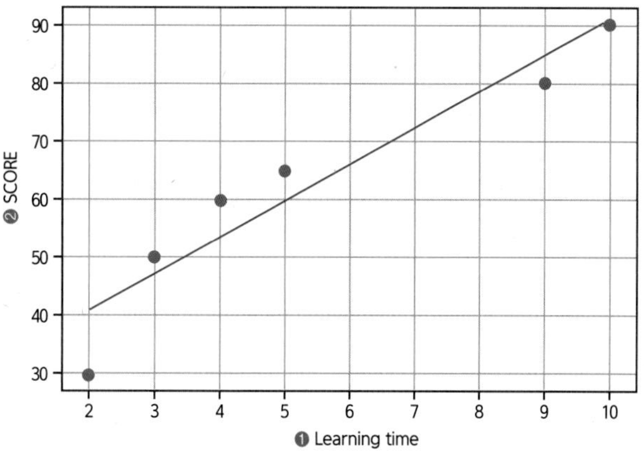

회귀분석에서는 각 데이터로부터 정답과 예측 사이의 오차를 최소화하는 선형 회귀선(위 그림에서 빨간 선)을 구합니다. 이를 위해서는 다양하고 많은 데이터를 사용하여 회귀선을 그려야 합니다. 데이터가 많고 다양할수록 머신러닝 학습에서 오차가 최소가 되는 선을 찾을 수 있으며, 이를 통해 새로운 데이터에 대한 예측 정확도를 높일 수 있습니다.

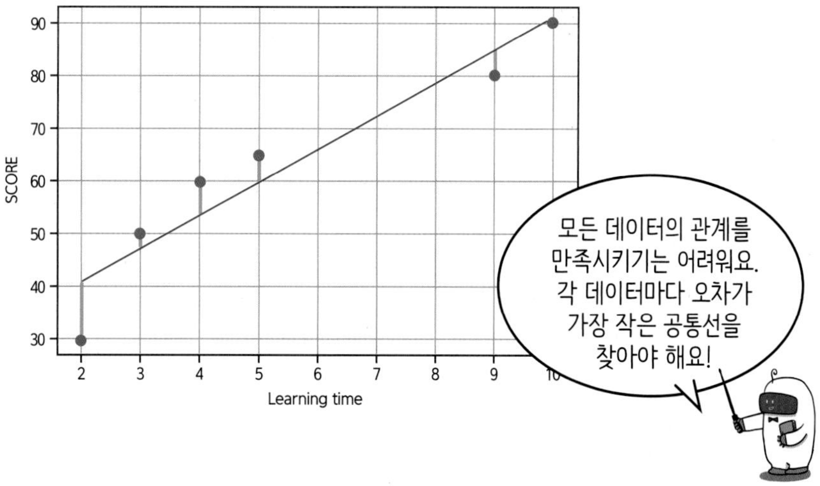

Plus.

'회귀'라는 용어는 1885년 영국의 과학자 갈톤(F.Galton)이 발표한 '유전에 의하여 보통사람의 신장으로 회귀 (Regression toward Meiocrity in Hereditary Stature)' 라는 논문에서 처음 사용하였습니다. 갈톤은 205쌍의 부모와 성인에 대한 자료를 수집하여, 부모의 평균 키와 자녀의 키상관관계를 분석해 본 결과 키가 큰 부모의 자녀들은 일반적으로 평균 키보다는 크지만, 부모들보다는 대부분 작았고, 키가 작은 부모의 자녀들은 일반적으로 평균 키보다는 작지만, 부모들보다는 대부분 크다는 재미있는 사실을 발견했습니다.

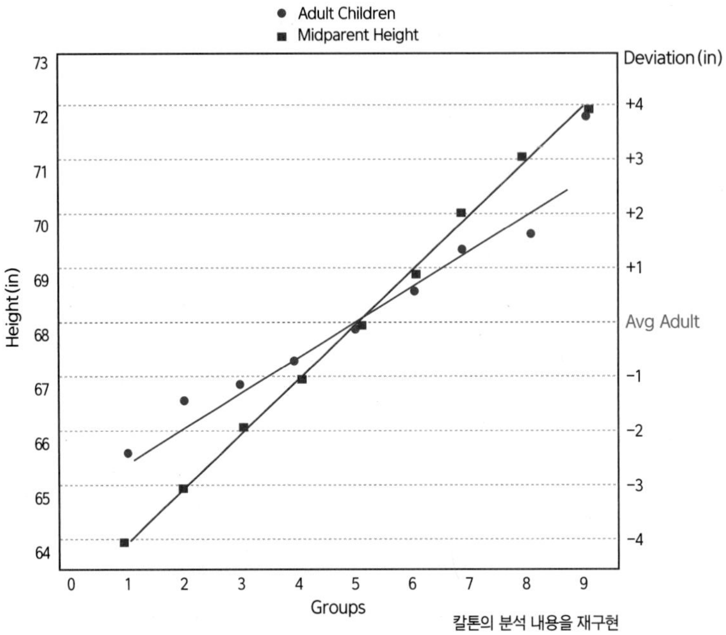

칼톤의 분석 내용을 재구현

예를 들면,

- 분석 1. 아버지의 신장이 162cm로 작은 경우 아들들의 평균 신장은 169cm로 아버지보다는 크다.
- 분석 2. 아버지의 신장이 182cm로 큰 경우 아들들의 평균 시장은 177cm로 아버지보다는 작다.
- 분석 3. 아들 세대의 평균 신장인 175cm로 아들들의 신장이 평균으로 가려는 경향이 있다.

◈ 결론. 부모의 키가 자녀의 키에 영향을 주는 것은 맞지만 결국 자녀의 키는 그 세대 전체 평균 키로 regress(=회귀하다, 되돌아가다, 복귀하다) 한다.

갈톤이 부모와 자녀 키의 상관관계를 분석 후 이 특수한 함수관계를 'regression'이라고 명명하면서 '회귀분석'이라는 명칭을 사용하게 되었습니다.

2 성적 예측 프로그래밍해보기

선형회귀선을 찾는 프로그래밍은 복잡하므로 우리는 과학적 컴퓨팅 영역의 작업을 쉽게 할 수 있도록 도와주는 'Scipy(사이파이)' 라이브러리(패키지 모음)를 사용하여 프로그래밍하겠습니다.

Scipy 라이브러리의 'stats' 패키지는 선형회귀에서 기울기와 절편을 추정하는 과정을 간소화해주어서 우리는 쉽게 오차가 가장 적은 선형회귀선을 찾을 수 있습니다.

▶ 학습 시간에 따라 점수 예측하기

프로그램 코드

File Edit Format Run Options Window Help

```
from scipy import stats                  #stats 패키지 가져오기

x = [2, 3, 4, 5, 9, 10]                  # 시험 공부에 투자한 시간 데이터
y = [30, 50, 60, 65, 80, 90]             # 점수

slope, intercept, r, p, std_err = stats.linregress(x, y)
        # linregress()함수에서 기울기(slope)와 절편(intercept) 값 반환

def score_predict(x):             # 선형회귀선을 통해 점수 예측하는 함수
    return slope * x + intercept

learning_time = int (input('예측하고 싶은 공부 시간을 입력하세요: '))
score = score_predict(learning_time)

print(score)
```

Tip. linregress 함수는 기울기(slope), 절편(intercept), 상관계수(r), 가설 검증을 위한 예측 불확실 정도(p), 추정치의 표준오차(std_err) 값을 반환합니다.

```python
from scipy import stats

x = [2,3,4,5,8,10]
y = [30,50,60,65,80,90]

slope, intercept, r, p, std_err = stats.linegress(x,y)

def score_predict(x) :
    return slop * x + intercept

learning_time = int(input('예측하고 싶은 점수에 대한 공부시간을 입력하세요 : '))
score = score_predict(learning_time)

print(score)
```

```
예측하고 싶은 점수에 대한 공부시간을 입력하세요: 8
78.03738317757009
```

Check.

치킨을 주문하려고 합니다. 치킨집 안내문에 배달시간 안내가 다음처럼 되어 있네요.

[고객님 집과 거리에 따른 배달시간 안내]

거리	배달시간
1km	17분
5km	25분
10km	32분
20km	40분

만약 여러분의 집이 치킨집으로부터 '7km' 떨어진 곳에 있다면 치킨이 배달될 시간은 얼마 정도일까요?
아래 빈칸을 채워 프로그램을 완성하세요.

프로그램 코드

File Edit Format Run Options Window Help

```
________ scipy ________ stats

x = ____________________
y = ____________________

slope, intercept, r, p, std_err = stats.linregress(x, y)

def time_predict(x):
    return slope * x + intercept

distance = int (input('예측하고 싶은 배달시간에 대한 거리를 입력하세요: '))
delivery_time = time_predict( ________ )

print(____________)
```

3. 딥러닝으로 이진 분류 프로그램 만들어보기

1 예측을 위한 이진 분류 알아보기

분류는 결괏값이 적힌 데이터로 학습한 후에 입력된 데이터가 학습했던 어떤 그룹에 속하는지 찾아내는 방법인데 특히 둘 중 하나를 결정하는 문제를 이진 분류(Binary Classification)라고 합니다. 우리 주변에는 두 가지 선택지 중 하나의 정답을 고르는 문제가 많은데 메일을 받았을 때 스팸 메일인지 아닌지, 영화 리뷰에서 추천 또는 비추천을 선택하거나 세포가 정상 세포인지 비정상 세포인지와 같은 예들이 이진 분류 방식을 사용합니다.

에어컨의 쾌적 모드가 실행되는 온도 데이터를 이용하여, 새로운 데이터 값, 즉 임의의 온도에 대해 에어컨이 켜짐으로 분류할지 꺼짐으로 분류할지 예측해보겠습니다.

실내 온도	상태	
-20	꺼짐	0
-10	꺼짐	0
0	꺼짐	0
5	꺼짐	0
10	꺼짐	0
20	꺼짐	0
25	켜짐	1
30	켜짐	1

2 이진 분류 프로그래밍해보기

이진 분류를 프로그래밍하기 위해 파이썬으로 구현된 쉽고 간결한 딥러닝 라이브러리인 keras(케라스)를 사용해보도록 하겠습니다. 내부적으로는 Tensorflow 엔진을 사용하지만 복잡한 내부 구조를 몰라도 쉽게 딥러닝 신경망 모델을 구성할 수 있습니다.

에어컨의 켜짐과 꺼짐을 나타내는 이진 분류를 케라스를 이용하여 딥러닝 모델을 구성하고 학습하는 순서를 살펴보도록 하겠습니다.

① 필요한 라이브러리 가져오기

프로그램 코드

File Edit Format Run Options Window Help

```
1 import numpy as np
2 import tensorflow as tf
3 import matplotlib.pyplot as plt
4
```

에어컨의 쾌적 모드가 실행되는 온도 데이터를 이용하여, 새로운 데이터 값, 즉 임의의 온도에 대해 에어컨이 켜짐 일지, 아니면 꺼짐일지 예측해보겠습니다.

[1] 데이터를 생성하는데 필요한 numpy 라이브러리 가져오기

[2] 모델 구성 및 학습, 예측등 케라스-텐서플로우 라이브러리 가져오기

[3] 모델 학습결과를 그래프로 나타내는데 필요한 matplotlib 라이브러리를 가져옵니다.

Plus.

Keras는 딥러닝 모델을 쉽게 구축하고 훈련할 수 있도록 도와주는 고수준 딥러닝 프레임워크입니다. TensorFlow는 구글에서 만든 오픈소스 머신러닝 프레임워크이며, Keras는 TensorFlow의 고수준 API 중 하나로 내부적으로 TensorFlow를 사용합니다. Keras는 TensorFlow와 함께 사용할 수 있는 쉽고 직관적인 API를 제공하여, 딥러닝 모델을 빠르게 구현하고 훈련할 수 있도록 돕습니다.

② 데이터셋 정의하기

프로그램 코드

File Edit Format Run Options Window Help

```
5  x = np.array( [-20, -10, -5, 0, 5, 10, 20, 25, 30] )
6  y = np.array( [0, 0, 0, 0, 0, 0, 1, 1, 1] )
7
```

학습할 훈련데이터로

[5] 온도 데이터 x

[6] 에어컨의 켜짐, 꺼짐 라벨을 가진 데이터 y를 넘파이 배열로 생성합니다.
분류 학습의 데이터는 훈련할 데이터와 라벨값을 갖습니다.

③ 모델 구성하기

프로그램 코드

File Edit Format Run Options Window Help

```
8  model = tf.keras.Sequential([
9          tf.keras.layers.Dense(1, input_dim=1, activation='sigmoid')
10         ])
```

[8–10] 케라스–텐서플로우 라이브러리에서 시퀀스 모델로 이진분류로 출력하고, 입력은 1차원, 활성함수(Activation function)로 'sigmoid'를 지정하여 입력과 출력만 있는 가장 간단한 인공 신경망(퍼셉트론)을 구성합니다.

④ 모델 학습 과정 설정하기

프로그램 코드

File Edit Format Run Options Window Help

```
11
12 model.compile(optimizer='sgd',loss= 'binary_crossentropy',
13                               metrics=['binary_accuracy'])
```

[12] 학습에 필요한 손실함수로 binary_crossentropy(이진 크로스 엔트로피) 및 최적화를 위한 옵티마이저로 sgd를 정하고 모델을 컴파일합니다.

⑤ 모델 학습시키기

프로그램 코드

File Edit Format Run Options Window Help

```
14 model.fit( x, y, batch_size=1, epochs=300, shuffle=False )
15
```

[14] 훈련데이터를 이용하여 케라스의 fit 메서드로 모델을 학습합니다.
학습 횟수를 300번으로 하고 학습할 때 배치 크기는 1, 데이터는 섞지 않습니다.

⑥ 학습 과정 살펴보기

프로그램코드

File Edit Format Run Options Window Help

```
16 plt.plot( x, model.predict(x) , 'b', x, y, 'k.')
17
```

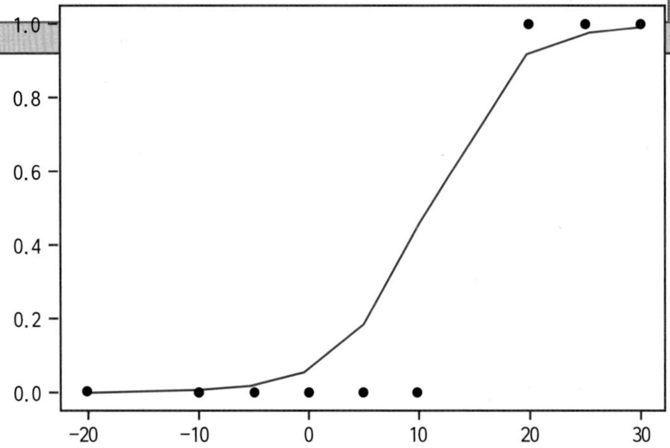

[16] x, y 값과 학습 후 예측값에 대한 값을 그래프로 나타내봅니다.

⑦ 모델 평가하기

프로그램 코드

File Edit Format Run Options Window Help

```
18 print(model.predict([1, 23, 50]))
19
```

실행결과

File Edit Shell Debug Option Window Help

```
[[0.07292584] [0.9530276 ] [0.9999459 ]]
```

[18] 예측하려는 온도 값을 리스트 형태로 1, 23, 50을 입력해봅니다.
1도에 대한 예측은 0.072 정도 0에 가까워 꺼짐이라 예측, 50도 경우는 0.99로 1에 가까워 켜짐으로 예측할 수 있습니다.

3 전체 코드 확인하기

프로그램 코드

File Edit Format Run Options Window Help

```
import numpy as np
import tensorflow as tf
import matplotlib.pyplot as plt

x = np.array( [-20, -10, -5, 0, 5, 10, 20, 25, 30] )
y = np.array( [0, 0, 0, 0, 0, 0, 1, 1, 1] )

model = tf.keras.Sequential([
        tf.keras.layers.Dense(1, input_dim=1, activation='sigmoid')
        ])

model.compile(optimizer='sgd',loss= 'binary_crossentropy',
                              metrics=['binary_accuracy'])
model.fit( x, y, batch_size=1, epochs=300, shuffle=False )

plt.plot( x, model.predict(x) , 'b', x, y, 'k.')

print(model.predict([1, 23, 50]))
```

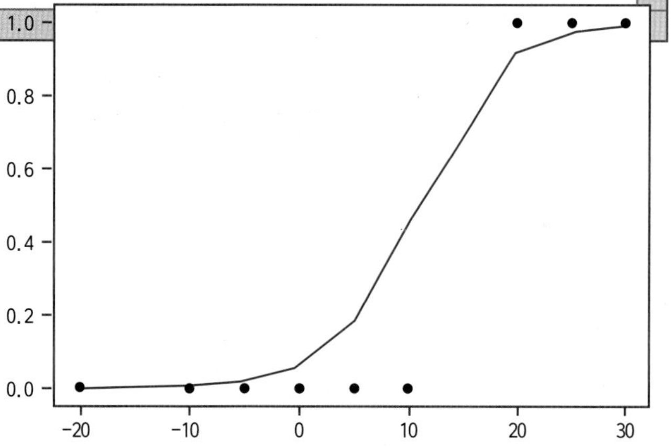


```
[[0.07292584] [0.9530276 ] [0.9999459 ]]
```

How

4. 딥러닝으로 다중 분류 프로그램 만들어보기

1 예측을 위한 다중 분류 알아보기

앞의 에어컨의 켜짐과 꺼짐을 다룬 로지스틱 회귀에서 사용한 시그모이드 함수는 입력된 데이터에 대해서 0과 1 사이의 값을 출력하여 해당 값이 둘 중 하나에 속할 확률로 해석할 수 있도록 만들어주었습니다. 예를 들어 0이 꺼짐, 1이 켜짐이라고 정의해놓는다면 시그모이드 함수의 0과 1 사이의 출력값을 꺼짐일 확률로 해석할 수 있었습니다. 확률값이 0.5를 넘으면 1에 더 가까우니까 켜짐으로 판단하면 되고, 그 반대라면 꺼짐 상태로 판단하면 되었습니다. 그렇다면 세 개 이상의 정답지 중에서 고르는 문제는 어떻게 할까요?

잘란도의 기사 이미지 Fashion MNIST 데이터셋으로 딥러닝 학습을 시켜 다양한 패션 이미지들에 대한 분류 예측을 해 보겠습니다.

Fashion패션-MNIST 샘플 (Zalando, MIT License).

Fashion-MNIST는 60,000개의 훈련데이터와 10,000개의 테스트 데이터로 구성된 데이터셋으로 각 데이터는 10개 클래스 라벨과 연관된 그레이스케일 28x28 크기의 이미지입니다. 10개의 클래스 라벨은 티셔츠, 바지, 풀오버, 드레스, 코드, 센달, 셔츠, 스니커, 가방, 발목 부츠입니다.

2 다중 분류 프로그래밍해보기

다중 분류를 딥러닝으로 구현하는 것 역시 keras-Tensorflow 라이브러리를 사용하겠습니다.

fashion 관련 이미지 데이터 60000장에 대하여 모델 학습을 시킨 후 테스트 이미지로 테스트를 했을 때 10개의 클래스 중 어떤 것과 가장 유사한지 유사도가 높은 분류에 대한 정확도를 보고 그중 가장 높은 확률의 이미지로 예측합니다.

이제 fahsion_mnist 데이터를 학습하여 분류하는 프로그래밍을 해 볼까요?

① 필요한 라이브러리 가져오기

딥러닝 학습에 필요한 라이브러리들을 import 합니다.

프로그램 코드

File Edit Format Run Options Window Help

```
1 import tensorflow as tf
2 import numpy as np
3 import matplotlib.pyplot as plt
4
```

[1] 딥러닝 학습을 위한 엔진으로 tensorflow 가져오기

[2] 데이터를 처리하는데 필요한 numpy 가져오기

[3] 모델 학습결과를 그래프로 표현에 필요한 matplotlib 라이브러리를 가져옵니다.

② 데이터셋 가져와 살펴보고 처리하기

데이터셋 가져오기

케라스에서 데이터셋으로 제공하는 fashion_mnist를 load_data() 함수를 사용하여 가져옵니다.

프로그램 코드

File Edit Format Run Options Window Help

```
5  fashion_mnist = tf.keras.datasets.fashion_mnist
6
7  (train_images, train_labels), (test_images, test_labels) = fashion_
8  mnist.load_data()
9
10 class_names = ['T-shirt/top', 'Trouser', 'Pullover', 'Dress', 'Coat',
11                'Sandal', 'Shirt', 'Sneaker', 'Bag', 'Ankle boot']
12
```

실행결과

File Edit Shell Debug Option Window Help

```
Downloading data
fromhttps://storage.googleapis.com/tensorflow/tf-keras-datasets/train
-labels-idx1-ubyte.gz
32768/29515 [==================================] - 0s 0us/step
Downloading data from
https://storage.googleapis.com/tensorflow/tf-keras-datasets/train-ima
ges-idx3-ubyte.gz
 26427392/26421880 [============================] - 0s 0us/step
Downloading data
fromhttps://storage.googleapis.com/tensorflow/tf-keras-datasets/t10k-
labels-idx1-ubyte.gz
8192/5148 [==================================] - 0s 0us/step
Downloading data from
https://storage.googleapis.com/tensorflow/tf-keras-datasets/t10k-imag
es-idx3-ubyte.gz
 4423680/4422102 [=============================] - 0s 0us/step
```

[5] 케라스의 fashion_mnist 데이터셋을 불러옵니다.

[7] fashion_mnist.load_data() 함수를 호출하면 네 개의 넘파이(NumPy) 배열로 반환합니다.

- train_image와 train_labels은 훈련을 위한 이미지와 라벨 데이터입니다.
- test_images와 test_labels 배열은 테스트를 위한 이미지와 라벨 데이터입니다.

[10] 클래스 이름으로 이미지를 출력할 수 있도록 변수를 만들어 저장합니다.

- 훈련데이터의 라벨(레이블과) 매칭되는 이미지 이름은 다음과 같습니다.

레이블	클래스 이름
0	T-shirt/top
1	Trouser
2	Pullover
3	Dress
4	Coat
5	Sandal
6	Shirt
7	Sneaker
8	Bag
9	Ankle boot

데이터 형태 확인해보기

matplotlib 라이브러리를 사용하여 데이터를 그래프로 나타내 확인해보겠습니다.

프로그램 코드

File Edit Format Run Options Window Help

```
plt.figure()
plt.imshow(train_images[1])
plt.colorbar()
plt.grid(False)
plt.show()
```

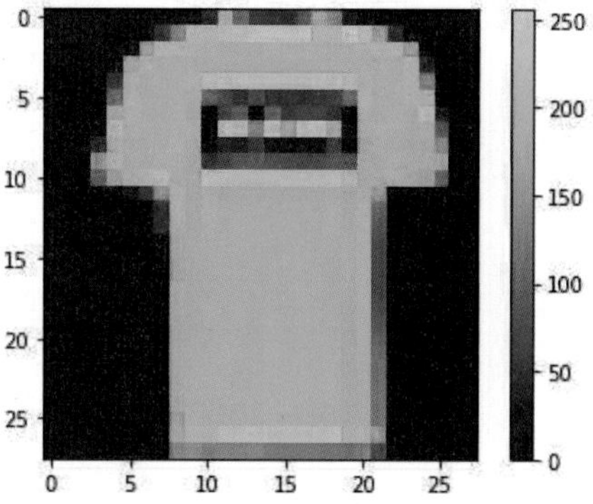

훈련 세트에 있는 두 번째 이미지(Trouser)를 보면 픽셀값의 범위가 0~255 사이의 픽셀값을 가진 28 * 28 크기의 2차원 형태로 되어 있습니다.

데이터 구조 확인해보기

numpy에서 행렬의 차원을 다루는 shape 명령어를 사용하여 train_images 데이터의 구조를 살펴보도록 하겠습니다.

프로그램 코드

File Edit Format Run Options Window Help

```
19 print(train_images.shape)
20 print(test_images.shape)
21
```

실행결과

File Edit Shell Debug Option Window Help

```
(60000, 28, 28)
(10000, 28, 28)
```

[19] 훈련된 데이터 이미지는 28 X 28 픽셀로 60,000개 이미지가 있습니다.

[20] 테스트 이미지도 동일한 구조의 10,000개의 이미지가 있습니다.

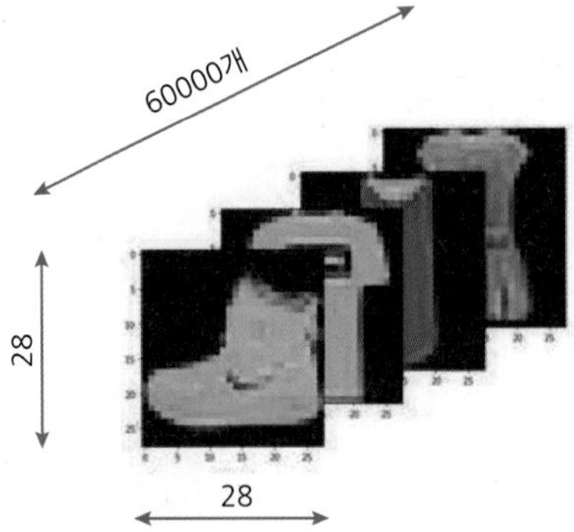

프로그램 코드

File Edit Format Run Options Window Help

```
22 print(train_labels)
23
```

실행결과

File Edit Shell Debug Option Window Help

```
[9 0 0 ...... 3 0 5]
```

[22] 60000개의 각 이미지 데이터에 대한 0과 9 사이의 정숫값으로 레이블 데이터를 나타냅니다.

데이터 전처리하기

모델을 학습하기 전에 데이터를 전처리 작업합니다.

프로그램 코드

File Edit Format Run Options Window Help

```
24 train_images = train_images / 255.0
25 test_images = test_images / 255.0
26
```

[24] 훈련데이터를 255로 나누어 데이터값의 범위를 0~1사이로 조정합니다.

[25] 테스트 데이터도 동일하게 255로 나누어 데이터의 값의 범위를 조정합니다.

③ 모델 구성하기

딥러닝은 층을 연결하여 구성되는데 keras.layers.Dense와 같은 층들의 가중치는 훈련하는 동안 학습됩니다.

프로그램 코드

File Edit Format Run Options Window Help

```
27 model = tf.keras.Sequential([
28         tf.keras.layers.Flatten(input_shape=(28, 28)),
29         tf.keras.layers.Dense(128, activation='relu'),
30         tf.keras.layers.Dense(10, activation='softmax')
31         ])
32 
33 model.summary()
34 
```

실행결과

File Edit Shell Debug Option Window Help

```
Model: "sequential_1"
_________________________________________________________________
Layer (type)                 Output Shape              Param #
=================================================================
flatten_1 (Flatten)          (None, 784)               0
_________________________________________________________________
dense_2 (Dense)              (None, 128)               100480
_________________________________________________________________
dense_3 (Dense)              (None, 10)                1290
=================================================================
Total params: 101,770
Trainable params: 101,770
Non-trainable params: 0
```

[27] 모델의 층(Sequential)을 다음과 같이 구성합니다.

[28] 첫 번째 층인 tf.keras.layers.Flatten은 2차원 배열(28 * 28픽셀)의 이미지 포맷을 28*28 = 784픽셀의 1차원 배열로 변환하여, 픽셀의 행을 펼쳐서 일렬로 늘립니다. 즉 출력으로 784 벡터로 바꿔줍니다.

[29–31] 두 개의 keras.layers.Dense 층이 연속으로 연결됩니다.

- 두 번째 Dense층은 128개의 노드를 가집니다.

- 세 번째 Dense층은 10개 노드의 소프트맥스(softmax)층입니다.
  소프트맥스는 10개의 결과에 대한 확률을 반환, 즉 각 노드는 각 노드는 현재 이미지가 0개 클래스 중 하나에 속할 확률(확률의 전체 합은1)을 출력합니다.

④ 모델 학습 과정 설정하기

모델 컴파일 단계에서 옵티마이저와 손실함수 같은 몇 가지 필요한 설정을 추가합니다.

프로그램 코드

File Edit Format Run Options Window Help

```
35 model.compile(optimizer='adam',
36               loss='sparse_categorical_crossentropy',
37               metrics=['accuracy'])
38
```

[35] 옵티마이저(Optimizer)를 adam으로

[36] 모델의 오차를 측정하는 손실 함수(Loss function)로 sparse_categorical_crossentropy를 설정

[37] 훈련 단계와 테스트 단계를 모니터링하기 위해 metrics를 사용합니다.

⑤ 모델 학습시키기

신경망 모델을 학습시킵니다.

프로그램 코드

File Edit Format Run Options Window Help

```
39 history = model.fit(train_images, train_labels, epochs=20,
40                     validation_data=(test_images, test_labels))
41
```

실행결과

File Edit Shell Debug Option Window Help

```
Epoch 1/20
1875/1875 [==============================] - 8s 4ms/step - loss:
0.5025 - accuracy: 0.8226 - val_loss: 0.3889 - val_accuracy: 0.8585
Epoch 2/20
1875/1875 [==============================] - 8s 4ms/step - loss:
0.3746 - accuracy: 0.8647 - val_loss: 0.3455 - val_accuracy: 0.8738
Epoch 3/20
1875/1875 [==============================] - 8s 4ms/step - loss:
0.3372 - accuracy: 0.8773 - val_loss: 0.3008 - val_accuracy: 0.8901
Epoch 4/20
1875/1875 [==============================] - 8s 4ms/step - loss:
0.3129 - accuracy: 0.8858 - val_loss: 0.2816 - val_accuracy: 0.8963
                                   :
                                   :
Epoch 17/20
1875/1875 [==============================] - 8s 4ms/step - loss:
0.1926 - accuracy: 0.9284 - val_loss: 0.1805 - val_accuracy: 0.9317
Epoch 18/20
1875/1875 [==============================] - 8s 4ms/step - loss:
0.1869 - accuracy: 0.9296 - val_loss: 0.1998 - val_accuracy: 0.9241
Epoch 19/20
1875/1875 [==============================] - 8s 4ms/step - loss:
0.1821 - accuracy: 0.9316 - val_loss: 0.1769 - val_accuracy: 0.9330
Epoch 20/20
1875/1875 [==============================] - 8s 4ms/step - loss:
0.1772 - accuracy: 0.9338 - val_loss: 0.1705 - val_accuracy: 0.9365
```

[39] 모델이 훈련데이터를 학습하도록 fit 메서드를 호출합니다.

훈련데이터를 이용하여 정의한 모델을 epochs(학습횟수)만큼 학습을 반복합니다. 정확도를 높이려면 epochs의 수를 증가시키면 되지만, 무한히 늘린다고 정확도가 계속 증가하지는 않습니다. 과대 적합(overfitting)으로 인해 정확도가 더 이상 향상되지 않을 수 있습니다.

⑥ 학습 과정 살펴보기

프로그램 코드

File Edit Format Run Options Window Help

```
42 y_loss = history.history['loss']          # 학습 데이터셋의 오차
43 y_vloss = history.history['val_loss']     # 검증 데이터셋의 오차
44
45 x_len = np.arange(len(y_loss))
46 plt.plot(x_len, y_loss, marker='.', c='blue', label='Train_loss')
47 plt.plot(x_len, y_vloss, marker='.', c='red', label='Validation_loss')
48
49 plt.legend(loc='upper right')
50 plt.grid()
51 plt.xlabel('epoch')
52 plt.ylabel('loss')
53 plt.show()
54
```

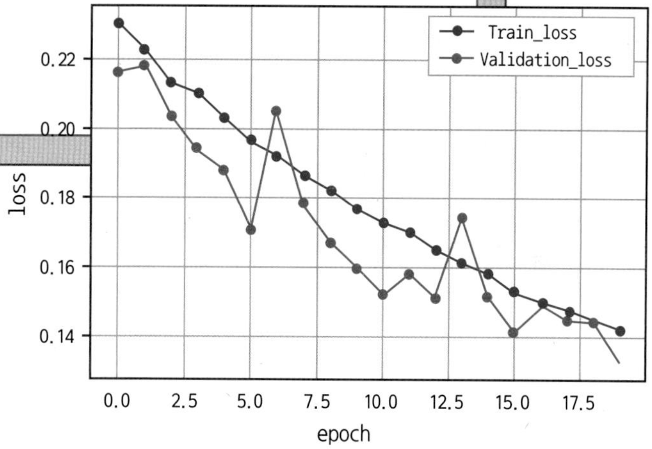

[42-45] 학습 데이터에 대한 오차 y_loss와 검증 데이터에 대한 오차 y_vloss 값을 확인합니다.

[46-53] 두 데이터의 오차를 그래프로 나타내봅니다. 훈련 데이터의 오차(파란색 선)보다 검증 데이터 오차(빨간색 선) 값이 더 높은 것을 알 수 있습니다.

즉, 훈련 데이터는 학습횟수가 많아질 수록 오차가 계속 줄어들지만 검증 데이터로 확인해 봤을 때 꼭 그렇지 않다는 것을 확인할 수 있습니다.

⑦ 모델 평가해보기

테스트 데이터를 가지고 model.evaluate 메서드를 사용하여 모델의 성능을 평가해봅니다.

프로그램 코드

File Edit Format Run Options Window Help

```
55 test_loss, test_acc = model.evaluate(test_images,  test_labels, verbose=2)
56
57 print('\n테스트 정확도:', test_acc)
58
```

실행결과

File Edit Shell Debug Option Window Help

```
313/313 - 1s - loss: 0.3620 - accuracy: 0.8885

테스트 정확도: 0.8884999752044678
```

[55] 테스트 데이터를 이용하여 모델의 성능을 비교합니다.

[57] 테스트 정확도를 출력합니다.
테스트 세트의 모델 평가에 대한 정확도는 0.88849로 앞서 학습에서 훈련 세트의 정확도 0.9365보다 낮습니다. 훈련데이터에 대한 정확도와 테스트 데이터에 대한 정확도가 다른 것은 학습이 훈련데이터에 맞춰져 과대 적합(overfitting)이 일어났기 때문입니다.

⑧ 모델 사용해보기

테스트 데이터로 모델에 대한 예측을 실행해 봅니다.

프로그램 코드

File Edit Format Run Options Window Help

```
59 predictions = model.predict(test_images)
60 print(test_labels[0])
61 print(np.argmax(predictions[0]))
62
```

실행결과

File Edit Shell Debug Option Window Help

```
9
9
```

[59] 테스트 데이터로 예측을 진행합니다.

[60] 레이블 0번째 이미지는 9로 앵클부츠 이미지입니다.

[61] 예측(predictions) 결과 9가 나옵니다.

모델은 이 이미지가 앵클 부츠(class_name[9])라고 예측합니다.

Plus1. 테스트 데이터 10000개 중 무작위로 10개를 추출하여 예측해 봅니다.

프로그램 코드

File Edit Format Run Options Window Help

```
from numpy import argmax

xhat_idx = np.random.choice(test_images.shape[0], 10)
xhat = test_images[xhat_idx]
yhat = np.argmax(model.predict(xhat), axis=-1)

for i in range(10):
        print('Test Image Label : ' + str(np.argmax(predictions
[xhat_idx[i]])) + ', Predict : ' + str(yhat[i]))

```

실행결과

File Edit Shell Debug Option Window Help

```
Test Image Label : 3, Predict : 3
Test Image Label : 2, Predict : 2
Test Image Label : 8, Predict : 8
Test Image Label : 2, Predict : 2
Test Image Label : 8, Predict : 8
Test Image Label : 7, Predict : 7
Test Image Label : 0, Predict : 0
Test Image Label : 9, Predict : 9
Test Image Label : 9, Predict : 9
Test Image Label : 0, Predict : 0
```

Plus2. 테스트 데이터 10000개 중 번호를 입력받은 후 이미지를 표시하고 올바르게 예측된 레이블은 파란색, 잘못 예측된 레이블은 빨간색으로 나타내 봅니다.

프로그램 코드

File Edit Format Run Options Window Help

```python
def plot_image(i, predictions_array, true_label, img):
    pedictions_array, true_label, img = predictions_array[i],
true_label[i], img[i]
    plt.grid(False)
    plt.xticks([])
    plt.yticks([])

    plt.imshow(img, cmap=plt.cm.binary)

    predicted_label = np.argmax(predictions_array)
    if predicted_label == true_label:
        color = 'blue'
    else:
        color = 'red'

    plt.xlabel("{} {:2.0f}% ({})".format(class_names[predicted_label],
                                100*np.max(predictions_array),
                                class_names[true_label]),
                                color=color)

def plot_value_array(i, predictions_array, true_label):
  predictions_array, true_label = predictions_array[i], true_label[i]
  plt.grid(False)
  plt.xticks([])
  plt.yticks([])
  thisplot = plt.bar(range(10), predictions_array, color="#777777")
  plt.ylim([0, 1])
  predicted_label = np.argmax(predictions_array)

  thisplot[predicted_label].set_color('red')
  thisplot[true_label].set_color('blue')
test_num = int(input('test 이미지 번호를 입력하세요: '))

plt.figure(figsize=(6,3))
plt.subplot(1,2,1)
plot_image(test_num , predictions, test_labels, test_images)
plt.subplot(1,2,2)
plot_value_array(test_num , predictions,  test_labels)
plt.show()
```

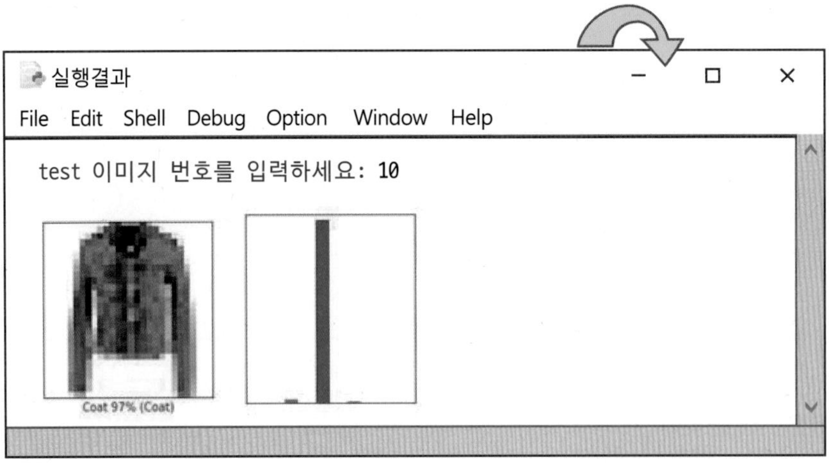
실행결과
File Edit Shell Debug Option Window Help
test 이미지 번호를 입력하세요: 10
Coat 97% (Coat)

MEMO

PYTHON

정답

PYTHON
AS YOU THINK!!

Part01 Checking Point Answers

01 O

02 O

03 ③

04

프로그램 코드

File Edit Format Run Options Window Help

```
a = '진우는' + '\n' + '파이썬을 잘한다.'
print(a)
```

05

프로그램 코드

File Edit Format Run Options Window Help

```
for x in range(2) :
    print('A')
    print('B')
    print('C')
```

Part02-3 Checking Point Answers

01 ①-ⓑ, ②-ⓐ, ③-ⓒ

02 X

03 2 book, picture#

04

02_CHECK_04_시간계산.py

File Edit Format Run Options Window Help

```
input_min = int( input('분을 입력하세요 : ') )

hour = input_min // 60
minute = input_min % 60

day = hour // 24
hour = hour % 24

print( '{}일 {}시간 {}분'.format(day, hour, minute) )
```

05

02_CHECK_05_연필개수.py

File Edit Format Run Options Window Help

```
friends = int( input('연필을 나누어줄 친구 명수 : ') )
pencils = int( input('한명 당 나누어줄 연필 개수 : ') )

total = friends * pencils
dz = total // 12
ea = total % 12

print('필요한 연필 개수 :', total )
print('필요한 연필 : {}다스 + 낱개 {}개'.format(dz, ea))
```

Part02-3 Jump UP → - 생각해 보기 Answers

01 d, u, p, e

02 c_temp, f_temp

03 char, code

04 x1, y1

x2, y2

05 suhyun

grandma

father

yesr

Part03-1 Checking Point Answers

01 X

02 O

03 X

04 X

05 방식2 : elif, else

방식3 : num 〉 0, else, else

06

03_01_CHECK_06_로그인프로그램

File Edit Format Run Options Window Help

```
user_id = 'ilovepython'

input_id = input('아이디를 입력하세요 : ')
if input_id == user_id :
    print('환영합니다.')
else :
    print('아이디를 찾을 수 없습니다.')
```

Part03-2 Checking Point Answers

01 while

02 X

03 break

04 X

05 X

06

03_02_CHECK_06_숫자합구하기.py

File Edit Format Run Options Window Help

```
sum = 0

while True :
    str_in = input("숫자를 입력하세요. (종료 : 'q') >" )
    if str_in == 'q' :
        break
    num = int(str_in)
    sum += num

print('\n입력한 숫자의 합 : ', sum)
```

07

03_02_CHECK_07_암호입력.py

File Edit Format Run Options Window Help

```
password = 'why_python!'
input_pw = ''

while input_pw != password :
    input_pw = input('암호를 입력하세요 > ')

print('암호를 맞췄습니다.')
```

Part03-2 Checking Point Answers

01 for

02 X

03 O

04 O

05 O

06

03_03_CHECK_06_삼각형별.py

```
n = int( input ('출력할 별의 줄 수 : ') )

for i in range (1, n+1):
    print('*'* i )
```

07

03_03_CHECK_07_원그리기.py

```
import turtle

for r in range (20, 201, 20) :
    turtle.circle(r)
```

08

03_03_CHECK_08_숫자출력.py

```
for r in range (1, 51) :
    if n == 15 :
        continue
    if n % 3 == 0 or n % 5 == 0 :
        print(n, end=' ')
```

Part03-3 Jump UP → - 생각해 보기 Answers

01 n

n%2 == 0

02 id_no

6

03 a, b

total

range(1, b+1)

04 text

range(len(text)), range(i+1)

05 a, b

day

b = b + a//2 + a%2, a = a//2

06 atotal

parking

time

time%3 == 0

time%5 == 0

07 number

guess

tries

number == guess

number != guess

Part04 Checking Point Answers

01 (리스트, 딕셔너리, 집합)

02 x, colors

03

04_CHECK_03_평균구하기.py

File Edit Format Run Options Window Help

```
scores = []
total = 0

for i in range(1, 6) :
    score = int( input( '점수[%d] : '%i ) )
    scores.append(score)
    total += score

average = total / len( scores )

print ( 'average : ', average )
```

04

04_CHECK_04_복합데이터정의.py

File Edit Format Run Options Window Help

```
problems  = \
    {'리스트': '변경이 가능한 여러 데이터를 가진 순서형 데이터 타입',
     '튜플'  : '변경이 불가능한 여러 데이터를 가진 순서형 데이터 타입',
     '딕셔너리': '여러 데이터를 키와 값의 쌍으로 갖는 데이터 타입',
     '집합'  : '중복이 허용하지 않는 여러 데이터를 가진 데이터 타입'}

for key in problems.keys() :
    print(problems[key], '은 무엇인가요?' )
    while True :
        if key == input('답 > ') :
            print('정답입니다.\n')
            break
        else :
            print('정답이 아닙니다. 다시 입력하세요.')
```

Part04 Jump UP → - 생각해 보기 Answers

01 딕셔너리

cost

02 dice

largest

100 + i * 10

10 + i * 1

03 number

count

04 postcode

2

05 딕셔너리

random.choice(list(eng_dict.keys()))

Part05-1 Checking Point Answers

01 def

02 x

03 x

04 함수를 사용하면 코드가 간결해지고 호출된 함수 이름을 통해서 프로그램의 흐름을 일목요연하게 볼 수 있습니다.

05 a , b

06

05_01_CHECK_06_양수출력하기.py

File Edit Format Run Options Window Help

```
lst = [1, 3, -2, 10, -7, 11, -5]
def positive (lst) :
    for i in lst :
        if i > 0 :
            print(i)
positive (lst)
```

07

05_01_CHECK_07_성적.py

File Edit Format Run Options Window Help

```
score_data = {'김영희': 70, '이영수': 60, '최지성': 90}

def print_name(score_data):
    for keys in score_data.keys():
        if keys > 70 :
            print(keys)

print(print_names(score_data))
```

Part05-2 Checking Point Answers

01 import

02 O

03 x

04 재사용성과 효과성 그리고 수정/관리에 유용합니다.

05 ① import introducion as s

② from introduction import information

③

프로그램 코드

File Edit Format Run Options Window Help

```
from introduction import information as s

a = s["name"]
print(a)
```

06 로또 번호 중복으로 허용한 코드

lotto.py

File Edit Format Run Options Window Help

```
import random
def get_nums() :
    numlst = []
    while len(numlst) < 6 :
        num = random.randint(1,45)
        if num not in numlst :
            numlst.append(num)
    return numlst
```

05_02_CHECK_06_로또번호.py

File Edit Format Run Options Window Help

```
import random
print('로또번호를 추첨합니다')
print(lotto.get_nums())
```

실행결과

File Edit Shell Debug Option Window Help

```
로또번호를 추첨합니다
14 12 27 41 31 39
```

Part05-2 Jump UP → - 생각해 보기 Answers

01 n

count

02 start

end

n

range(start, end+1)

03 x, y, color, size

x = random.randint(−400, 400)

y = random.randint(−300, 300)

size = random.randint(30, 150)

color = random.choice(color_list)

04 4, 0 ~ (2^N−1)

random.choice(list(eng_dict.keys()))